女孩孩

这样教

就对了

文 静◎著

·北 京·

图书在版编目 (CIP) 数据

女孩这样教就对了 / 文静著 .—北京：中国华侨出版社，
2021.3（2024.5 重印）

ISBN 978-7-5113-8418-8

Ⅰ . ①女… Ⅱ . ①文… Ⅲ . ①女性 – 家庭教育 Ⅳ .
① G78

中国版本图书馆 CIP 数据核字（2020）第 226672 号

女孩这样教就对了

著　　者：文　静
责任编辑：刘晓燕
封面设计：周　飞
经　　销：新华书店
开　　本：880 mm×1230 mm　1/32 开　　印张：8　　字数：180 千字
印　　刷：三河市富华印刷包装有限公司
版　　次：2021 年 3 月第 1 版
印　　次：2024 年 5 月第 2 次印刷
书　　号：ISBN 978-7-5113-8418-8
定　　价：49.80 元

中国华侨出版社　北京市朝阳区西坝河东里 77 号楼底商 5 号　邮编：100028
发 行 部：（010）64443051　　　传　真：（010）64439708
网　　址：www.oveaschin.com　　　E－m a i l：oveaschin@sina.com

如果发现印装质量问题，影响阅读，请与印刷厂联系调换。

前言
Preface

我们一直执着于寻找一套教育方法，寄希望于套用这种方法培养出一个"成功的小孩"。

坦白说，这种想法其实很不靠谱。把不同的孩子打包成一团，无差别教育，不仅没有考虑孩子的个人特质，也忘了把孩子所处的现实环境纳入客观考量。

同样的教育方法，你有可能培养出一个社会栋梁，国士无双；也有可能将一个天才儿童的天赋摧残殆尽，使其泯然于众人。只是，后者的境遇往往不被提及，因为我们习惯忽略事物推进过程中的败笔，或将其定义为特例，却喜欢在各种媒体的渲染下，将那些教育神话铭记。

教育，其实一直没有现成的公式可以套用，试图用一些成功个案来总结教育规律，或寻找某些成才的"捷径"，这是对教育的误解。

优秀的孩子，并不是靠某种教育模式培养出来的，而是得益于良好的土壤，他们能够自我成长，最终才站到多数人站不到的地方。

然而，孩子一旦被剥夺了自我发展的能力，他们就会活得毫无生气，甚至自暴自弃。

孩子无法完成自我发展，在缺乏自我控制感的情况下，即使他的家庭背景不错，即使父母给他的人生做了足够的铺设，即使他最终真的取得了世俗定义的令人艳羡的成果，他们内心的贫瘠与混乱，也会时不时地将其拉入痛苦的深渊。

孩子如果无法自我成长，终其一生，在心理上也是一个巨婴。

其实对于孩子而言，最重要的不是多么成功，而是按自己的意愿经营自己的人生；

其实对于父母而言，最成功的教育不是孩子服从，而是他能与你产生共鸣；

其实对于教育而言，孩子最好的成长是自我成长，最好的控制是自我控制，最好的行为是主动。

其实，我们现在需要做的是，让自己努力向前，做孩子最需要的父母，跟他们建立终身的亲密关系，激发孩子的自驱力，教会他们自己解决人生的难题。

《女孩这样教就对了》，是笔者对家庭教育误区的反思与觉醒，本书将生活中家庭教育遇到的问题与现代教育理念有效融合，文字深入浅出，举例出自生活，具有很强的实用性和可操作性。参透这本书，活学活用举一反三，即使是平凡的父母，也能培养出优秀的女孩。

本书采用众多教育事例，对家长进行具体的教育指导，突出的是生活中各种各样的教育细节。全面分析了女孩的独特的个性特征与心理特征，并针对女孩的性别特征、成长过程中经常出现的问题，提出了更富有针对性的指导。

很多女孩在黑夜里迷了路，但也总有人找到了光，这是父母给孩子的财富，也是父母给孩子的传承，这是好父母的自我修养。

目 录
Contents

CHAPTER 01

男孩女孩不一样，你的天使，需要有差别教养

男孩女孩不一样！无差异教养，不论父母如何努力，最终可能还是"尽人事、听天命"。

男孩与女孩，不管是身体发育还是心智发展，都有很大差异，所以对男孩和女孩的教育方式，也应该具体问题具体分析。

因人施教，才是适合孩子的教育。

CHAPTER 02
好爸爸胜过好老师，女孩的教育，父亲不能无视

如果一个家庭中，只有母亲在陪伴和教育孩子，那么很不幸，孩子正在经历"丧偶式的家庭教育"。在这种家教氛围下成长的女孩，她的人生会出现很大问题！

其实养育女儿，就像绣花一样，考验着父亲的心性和智慧。

用一颗温柔的心去教育女儿，守护她的纯真与美好，是为人父亲的天职。

CHAPTER 03
贯穿始终的家庭仪式感，最终会为你的女孩成长加冕

仪式感，其实是父母对于教养子女的一种态度。

教育孩子无小事，带着仪式感去做，就能帮助孩子对抗生活中的消极因素。

仪式感的力量，在于塑造，而不是灌输，通过父母周而复始的良好影响，使孩子逐渐形成对生活的正确理解。这是成功养育的关键。

CHAPTER 04

所谓富养女，应该是让孩子的精神层面得到完美升级

"富养女孩"的核心不是金钱。

所谓的富养，不光指用财富打造女儿，不仅仅指物质方面的富足，它还需要父母付出自己的精力，即精神方面的付出，这是比财富更重要的东西，是"富养"的真正精髓所在。因为这样，即使是普通人家的女孩，也可以享受"富养"的精神理念。

CHAPTER 05

想培养真正的公主，就要坚定不移地祛除她的公主病

> 普通人家养出公主病女孩，心气比天高，人生很糟糕。
>
> 世界的现实与残酷，轻而易举就会将她的那颗玻璃心击得粉碎。然而，追根究底，错不在女孩，因为在她需要对世界形成正确认知的时候，她的父母并没有向正确的道路上引领她。
>
> 如果"富养"，只让你的女孩学会了攀比与虚荣、学会傲娇与自负，而没有给予她真正能够决定人生幸福的价值观与硬实力，那么将来你一定会欠你的"公主"一句对不起。

CHAPTER 06

我们无权强迫孩子做个淑女，但必须让她从小知礼有礼

> 礼貌使有礼貌的人喜悦，也使那些受到人家礼貌相待的人们喜悦。
>
> 文明礼貌是社会交际对个人的基本要求，也是个体融入群体的重要资本。

教给孩子文明礼貌，需要学的不只是"请"和"谢谢"，而是应以正确的态度处理和他人的关系。孩子们要学习的，不只是礼貌的言辞，还要有礼貌的内心。

CHAPTER 07

好性格成就好未来，请把女孩的心境经营成美丽的花海

没有良好的性格，显然不可能得到最好的行动结果，甚至会让能力大受挫折。

道理很简单，拥有不好的性格，就会做出不好的事情，就会产生相应的错误，就会有不好的结局。从这个层面上说，培养了女孩的良好性格，也就是建设了女孩的优质人生，改变女孩性格中的缺陷，也就改善了女孩的未来局面。

CHAPTER 08

让情商与智商同行，孩子不是神童也能成为未来精英

成长不是一步到位的，成长之路没有直线，生命是体验、感悟的过程。

塞给孩子满满的宠爱，轻而易举，教会她们与这个世界完美相处，却需要父母具备足够的智慧、眼界和态度。

父母的使命，不是把孩子呵护成瓷娃娃，而是教会她们发现问题，并独立解决问题。

CHAPTER 09

读懂女孩心理，孩子的情绪出问题，需要家长的轻疗愈

> 家庭生活是孩子学习情绪管理的第一个学校。
> 帮助女孩学会梳理并管理情绪，对她以后的成长非常重要。
> 情绪管理的基础是自我觉察。父母要像一面情绪镜子，准确回馈孩子的真实感受，协助孩子完成对自身情绪的觉察与认知。

CHAPTER 01

男孩女孩不一样，

你的天使，需要有差别教养

男孩女孩不一样！无差异教养，不论父母如何努力，最终可能还是"尽人事、听天命"。

男孩与女孩，不管是身体发育还是心智发展，都有很大差异，所以对男孩和女孩的教育方式，也应该具体问题具体分析。

因人施教，才是适合孩子的教育。

别把女孩当男孩养，让女孩像女孩那样成长

5岁的胜男留着一头男孩一样的短发，穿着一身短袖短裤，她长得很漂亮，但多数人第一眼都会把她认作一个俊俏的小男孩。而每每此时，胜男妈妈都会非常得意，因为这正是她想看到的。

原来，胜男妈妈特别喜欢男孩，打从怀孕时起，她就固执地认为，肚子里怀的一定是男孩，并且早早准备了一系列男孩的用品和服装。结果，她失望了。

于是，胜男妈妈为了圆自己的男孩梦，从小就把胜男当成男孩来养，给她穿男孩的服装、理男孩的发型，教她玩男孩的游戏，给她买男孩的玩具，而胜男爸爸对这一切也表示默许。

胜男果然如他们所愿，渐渐成了一个假小子，无论性格、气质，还是习惯、动作，都是一派男孩子做派。

懵懂的胜男似乎也觉得，她自己就是一个男孩。

有些家长，出于种种原因，会把女孩当男孩养，或是将男孩当女孩养。这样做的直接后果是，孩子很可能因此出现性别意识混乱，长大以后，他们会对自身的性别感到困惑和怀疑，发生性身份认同困难，影响他们的社交、恋爱和婚姻等。

儿童心理学家指出，孩子出现"性别错位"，根本原因是家长的教养方式不恰当，无意中抹杀了幼儿自身的性别意识！

事实上。孩子的性别意识萌芽，远比我们想象得要早。

当孩子第一次告诉别人，"我是男孩子"或"我是女孩子"时，其实他们就已经有了明显的性别意识，那时，他们大概两岁。

等到孩子 3 岁以后，他们对性别有了更高的认知力，就已经知道男孩、女孩要穿戴不同样式、颜色的服装，做不同的事情。所以说，性别教育，应该越早越好。

那么，我们到底应该怎样对孩子进行性别教育呢？

（1）帮助孩子确认自己的性别

孩子到了 2 岁以后，爸爸妈妈就应该让他知道自己的性别，了解人类有男女的性别差异。这些知识必须正确，切不可认为孩子还小，就可以胡编乱造、蒙混过关。只有这样，孩子长大以后，才不至于产生性困惑和对性的过度神秘感。

首先，极关键的一点，父母形成正确认知，全力避免孩子出现性别意识混乱。

从女孩出生时起，爸爸妈妈就应该让孩子有一个正确的性别意识，而不要以你的性别喜好去教养孩子。

比如在穿衣打扮上，给女孩穿一些符合她年龄和性别的衣服，如粉嫩的裙装，带花边的衣服；

在玩具上，我们也要给孩子划出一些界限。尽量引导孩子玩一些女孩化的玩具和游戏。

其次，妈妈的耳濡目染也很关键。

对于小女孩来说，父母的首要任务，是通过规范她的言行举止，来唤醒她的性别意识，强化孩子温柔、优雅的天性。

妈妈是女孩最容易模仿的对象，女孩对于女性行为标准的认识，往往是从母亲开始的。所以，教养女孩，更需要妈妈的言传身教。

生活中常常会出现这样一种场景：妈妈教导女儿说："女孩子不可以说话这么粗鲁！"

结果，女儿悄悄地嘀咕："妈妈和爸爸吵架的时候，说话比这还要粗鲁……"

事实上，你的一言一行，孩子都看在眼里，记在心里，这就需要妈妈们尽量克制自己，因为想让女孩有女孩的样子，妈妈如何做是关键。

还有一个中国众多父母避之不及的问题——接纳孩子的性好奇。

孩子从 2 岁多开始，就会对性别和男女身体的不同产生好奇心。不要因此斥责孩子，更不要遮遮掩掩，这时候，我们就应该给予孩子正面的引导，告诉她们男女身体的差异。

到了三四岁时，有些孩子会偷看父母或同伴洗澡、上厕所，这并不是"流氓行为"，只是孩子的好奇心所致。

孩子的好奇心是一切学习的原始动机。她们偶尔的性游戏也是出于好奇、求知欲以及模仿心理。父母应该懂得，孩子的探索性是正常自然的，无须恐惧。反之，孩子越是被蒙在鼓里，越是好奇，就越有一种神秘感。如果采用严厉的惩罚去压抑孩子的性好奇，只会令她对性产生罪恶感和内疚感。其实，父母可以利用孩子的性好奇，因势利导地进行家庭性教育。比如，可以平静地询问孩子在玩什么、看到了什么，让孩子自由发表意见或提出疑问。这样，能够了解孩子的性知识有多少，就此给予正确教导。同时，我们也应该教给女孩一些基本的生理知识和自我保护方法。

另外，父母应该开明一点，不要从小将孩子与异性隔绝，而要教会孩子与异性友好相处。

儿童不会有成年人的异性之爱，但需要从小培养孩子如何与异性建立健康的情感，友好地相处，培养良好的群体生活习惯，让孩子在集体生活中既尊重自己，也尊重他人，发扬男女友爱互助的精神，与异性进行自然、友好、健康的交往。

教养的秘密

正确的性别教育，是孩子对自身了解的启蒙，也是孩子形成健康人格的基础。

在成长过程中被忽略性别教育的女孩，她不仅对侵害缺少防范意识，而且分不清人际交往的边界感，也就给了坏人可乘之机。

事实是，你觉得性别教育太早，坏人可不会觉得你孩子太小。

正确的性别教育，是我们给女孩人生构筑的第一道防线。

生命自有其规律，教养应尊重女孩的个性

事实上，不仅"男女有别"，需要有差异教养，女孩与女孩之间其实也有所不同，比如有的女孩天性好静，有的则天性好动，有的女孩内心敏感，有的女孩非常理性，等等，基于此，我们绝不可以套用相同的模式去教养不同的女孩。

左晓曦的父母一直做电商，为了给女儿创造一个良好的生活环境，这些年他们一直辛辛苦苦工作，攒钱在市中心的高档住宅区买了一套复式房，一家人高高兴兴地搬进新居。

左晓曦的妈妈发现，在这里进进出出的女人，无论年纪大小，都斯文有礼，气质高雅，就连那些十多岁的小女孩，也都穿着美丽的裙子，安安静静，像小公主似的。回头一想，自己的女儿左晓曦却活泼好动，很难安静，这会不会招人笑话呢？

回到家里，妈妈就和左晓曦约法三章：

第一，以后走路脚步要轻，不要蹦蹦跳跳，不要东张西望；

第二，说话要文静，有什么想法，要轻声细语地说出来，高兴时也不要大叫大嚷，张着大嘴傻笑；

第三，以后星期天不要去体育馆学游泳了，改在家里找教师练钢琴。

妈妈告诉左晓曦，你已经是大姑娘了，要学做淑女，并且

答应她，如果做得好，暑假就带她去香港玩一圈儿。

刚开始时，左晓曦还有些新鲜劲儿，不过几天之后她就受不了了，可每当她要舒展一下身子的时候，就会遭遇妈妈"恶狠狠"的目光。于是，左晓曦蔫了，不得不按照妈妈的要求去做，内心里却对这种"淑女的样子"讨厌至极。

一段时间下来，左晓曦的精神和胃口都不比从前，连学习成绩也大幅下滑。这时妈妈着急了，她也很疑惑：难道我对女儿的教育方法有什么不妥吗？

的确不妥！就像我们前文所说的那样，女孩与女孩之间也会有所不同，不可以一概而论，更不可以套用同一种方式去教养。用强制的手段，硬要让一个性格外向、精力充沛的女孩子，违心地去做一个安静的小淑女，这是对孩子的折磨，也是对她天性的扼杀。

诚然，安静、文雅、娇柔，的确可以让女孩看上去更淑女一点，但是每个女孩的个性都是与生俱来的，父母没有必要刻意去强制改变。关键是要培养孩子具有善良、宽容、大气的好品格，这才是真正的淑女气质。

更重要的是，有时候"扮淑女"只是父母的要求，而不是孩子本身的意愿，那些严苛的条条框框，会让她们觉得痛苦、委屈和不甘，长此以往，极有可能激起孩子们的逆反，使她们与父母做对，定要做出些出格事儿来给父母看看。

真正好的教育，应该遵循孩子正常的成长规律，而不是过早地把孩子拉入到成人的世界里。

事实上，大人眼中的"随便"，可能正是孩子天性的一种体现。如果我们总是叮嘱孩子这个要当心，那个不能碰，结果孩子乖是乖了，但是少了儿童特有的活泼劲儿，对于她们的身心发展，是一种严重的戕害。

生命自有其规律。

我们不能把小女孩当作小大人一样来对待，硬要她做小淑女，并希望她的行为像大人一样，这通常都会使孩子感到极度痛苦和压抑，她们的心灵会因此遭受沉重打击。很有可能，她会过早地被带到成人的世界里，而偏离自己应有的成长轨道。

爱孩子，就请遵循孩子的个性发展规律，让她们在合适的年龄做适合自己的事，而我们要做的，就是默默陪伴，静待花开。

女孩不比男孩差，请将女孩优势完美激发

在男孩和女孩的生命孕育之初，就有一对染色体不同，女性的性染色体为 XX，男性的性染色体为 XY。可以说，男女的性格差异是天然存在的。

男孩自有男孩的优势，女孩也有女孩的强项。作为父母，我们最重要的任务是识别、尊重并且保护孩子自然而独特的成长过程。我们不需要把孩子塑造成我们心目中的样子。然

而，我们有责任明智地支持孩子，帮助她们发展自己的天赋和潜能。

与男孩相比，语言天赋是女孩很早就显示出的天赋之一。由于大脑结构的优势，女孩通常能够比男孩更早、更生动、更流利地使用语言。所以同一年龄段，女孩较之男孩，往往能够使用更多的词汇，写作也更加生动、细腻。

这是绝不可浪费的天赋，作为父母，我们应该积极鼓励女孩说出自己的感受和体验、表达自己的观点。在这个时期，父母的鼓励，决定了女孩是否敢于发挥自己的语言天赋。

当男孩还在为写不好字而着急时，女孩已经初显心灵手巧的潜能了。女孩手的小肌肉群灵活协调的发展，使她们能够充分开发并利用"手"的功能：有些女孩对色彩比较敏感，她们很早就可以握住画笔，按自己的意图画出喜欢的动物、花、草和小房子；有些女孩对针线、小线绳情有独钟，看到妈妈织毛衣、做针线活，她们也会找些碎布织织缝缝；有些女孩天生有一双美丽、细长的小手，特别适合弹钢琴；有些女孩对书法感兴趣，泼墨挥毫，像模像样。

当女孩画出自己的第一幅"画"、缝制出第一件"服装"、写出第一个毛笔"字"时，父母要懂得鉴赏，给予适当的褒奖。我们的目的，是让女孩子对自己的优点产生喜悦之心，并把它们发展得更为充分。

另外，女孩子在艺术上，往往也有独特的天赋。一个女孩在童年时所经历的关系、亲情、体育运动、美术和音乐活动以及所学到的理论知识，很有可能会在她以后的生活中"保持"或至少"重现"。如果你的女孩在小时候学过弹钢琴，即便她没有成为伟大的钢琴家，但她至少可以在以后的生活里保持乐感；如果你的女孩小时候读过很多书，那么她可能一生都喜欢读书。所以如果你家有个女孩，请你一定根据她的兴趣培养她的艺术天赋。

虽然在抽象思维、做事的条理性和实践能力上，女孩稍逊于男孩，但同时她们也拥有男孩并不具备的优势。具体到每个女孩子，她们的优势与不足又有所不同，如何使自己的孩子在学习和生活中发挥最佳水平，是每个家长必须面对的难题。

教养的秘密

我们经常看到，一些父母对孩子的能力弱项总是耿耿于怀，认为孩子"真差劲"。

其实，某些先天弱项，不是孩子不努力，而是天赋使然，即使竭尽全力，也无法弥补。

父母应该明白，每个孩子都是独特的，每个孩子都是某方面的天才。

我们要做的是，帮助女孩找到她的才智优势，找到她的天赋特长，支持她去做最喜欢、最擅长的事，让她最具竞争力的才能充分发挥出来，这才是成才、成功之道。

营造温馨的成长环境，呵护女孩敏感天性

女孩子天生就是敏感的，从四五岁开始，当同龄的男孩子还在拿着玩具枪扮酷的时候，她们已经能够清楚地认识到自己和周围世界的联系，比如：谁在保护我，谁能伤害我，他们之间的关系又是怎样的等。女孩因此忧心忡忡。

子欣是幼儿园大班的学生。不知道从什么时候起，她开始时时刻刻观察妈妈的表情，总是让妈妈笑。不管在什么情况下，妈妈没了笑容，她就要嚷嚷："妈妈又不笑了。"

如果妈妈勉强、应付地笑一下，她立刻就能感觉到妈妈的不开心，追着问："妈妈为什么跟别人说话都笑眯眯的，跟我说话就不笑？"这给了妈妈很大压力。

子欣出生在一个普通的工薪家庭，而且父母离异，子欣随着妈妈生活，子欣妈妈一直觉得生活的压力很大，感觉有些喘不过气，可子欣偏偏如此敏感、随时都需要妈妈的关爱。

因此，子欣妈妈很心烦，也很着急。

其实子欣从小就对别人的态度很在意，有时有人对她说话声音大一点，她就会哭；她没有勇气与厉害一点的小朋友一起玩，别人偶尔抢一次她的布娃娃，她就再也不理人家了。

上幼儿园以后，子欣是不是想去幼儿园，完全取决于幼儿园老师、小朋友对她的态度，如此敏感的女孩子，让子欣妈妈

感到大为担忧——这个样子，长大了可怎么办啊？

敏感性是女孩的一种特质，就像是男孩子天生喜欢打打闹闹一样，女孩天生就敏感。

而女孩子的敏感程度，主要取决于家庭。

家庭关系不和谐，会使女孩长期处于恐惧焦虑和无所适从的状态中，严重地影响女孩的身心发育。

科学家研究表明，经常忧心忡忡、整天生活在紧张焦虑情绪中的女孩，会比具有快乐稳定情绪的女孩身材矮小，她们成年后身高一般低于同龄女性。

父母不要总是以为，孩子年幼就是懵懂无知，她们的内心世界其实丰富得很，甚至比成年人还要多愁善感。事实上，女孩到了七岁以后，就已经有许多心事了，比如父母关系、家庭经济、自己的容貌等等。她们幼稚的内心里，其实总是隐藏着这样那样的纠结，而我们所要做到的，就是为孩子营造一个温馨的成长环境，尽量不让这些纠结产生，以此来呵护她们敏感的天性。

为了迎接女儿的出生，燕璃的父母早早就做好了准备，他们阅读了大量的家庭教育书籍，从中受益匪浅。在一本名叫《高级教养》的书上，他们看到这样一句话："孩子未来的成功与幸福取决于我们营造的环境，而不是所教授的技能。"

燕璃的父母认为这句话很有道理，并决定照此话去做。因此，他们夫妻约定，要尽最大的努力让女儿相信爱，并让她感受到自己的爱，要让光明、温暖、坚信、乐观这些幸福的字眼占据女儿最初最柔弱而单纯的心灵。

燕璃的父母果真做到了，他们用相互之间的体谅和关心向女儿证明了爱情有多么伟大。在这种环境中长大的燕璃总能用健康、积极、乐观的心态去面对她所遇到的一切。

如果说孩子是一颗种子，那么家庭就是土壤，家庭氛围便是空气和水分。

健康、和谐的家庭关系是父母给予女儿爱的证明和保证，这是女孩最需要的安慰，也是女孩幸福感、安全感的源泉。对于女孩的健康成长来说，父母送给她再珍贵的礼物，都不如为她营造一种健康、和谐的家庭关系。

家庭氛围和谐、美好，女孩所看到的世界就是明亮的、健康的，同时，这些美好的感情也会反过来影响她的内心，使她拥有快乐、自信的个性。

相反，如果女孩小时候就深陷于矛盾重重的关系中，从小就对感情持怀疑态度，那么，她对爱的需求永远都不会得到满足；如果女孩从小就没有体验过美好、宽容的感情，她往往也不会用正常的心态与他人相处。

别给你家含羞草女孩，乱贴消极的标签

人们常说"女孩子都是怕羞的"，的确，在一些陌生的或者人多的场合，女孩不像男孩那么自然大方、无所顾忌。这里

面有先天的性别差异，也和父母的教养方式有很大的关系。

有些女孩子，刚刚有些害羞的倾向，就被父母贴上了一个"怕羞"的标签，于是，女孩子更加不自信，更加害怕在人前的表达。

琪琪是个腼腆的孩子，人多的时候，让她说句话、唱个歌什么的，她不是支支吾吾不开口，就是哭着跑开。因此，爸爸每次带琪琪出门，回家后都少不了批评她一顿："你怎么这么不争气，连句完整话都说不出来。"这以后，为了避免尴尬，爸爸越来越少带琪琪出门了，而琪琪也变得越来越怕生，越来越害羞。

孩子之所以会过度害羞，与父母的少鼓励、多指责有很大关系。

害羞的孩子往往自信不足，而父母的一味地指责，又让孩子的自信心再次受到打击。

可以想象，一个自信心严重受创的女孩，她又怎么可能变得开朗大方呢？

毫无疑问，孩子都希望自己成为好孩子，但对于害羞的女孩来说，她们最怕的就是爸爸妈妈对于自己的批评和指责。事实上，孩子原本已经对自己的害羞行为深感不安了，如果这时爸爸妈妈还不依不饶地训斥责怪，孩子幼小的心灵就会不堪重负，长此以往，她还会因此失去自信，变得懦弱低迷。

所以说，孩子害羞，父母就算很焦急，也不要因此惩罚或指责孩子，更不要强迫孩子马上去表现自己，害羞的女孩比其他孩子更需要理解和尊重。我们应该让孩子明白，爸爸妈妈是理解你的，并且正在帮助你战胜害羞这个家伙。当女孩感受到来自父母的支持以后，她们会有信心战胜一切。

不知道大家有没有看过这样一段对话：

一位妈妈关心地问9岁的女儿："膈膜是什么味道？"

女儿回答："就像被咒语镇住了，四肢都发僵。"

妈妈则说："咱们深信不管它多么严峻，在爸爸妈妈的协助下你都能战胜它！"

女儿听到这种鼓励后说道："就像仙女飘然而至，魔咒被解除了。"

然而，我们却经常看到这样一种家长，他们不知出于什么心理，很爱给自己的孩子贴负面标签——"我家孩子笨""我家孩子傻""我家孩子很害羞"……

结果呢？

有个小女孩，到幼儿园快两个月了，她几乎不开口说话。而根据老师观察，孩子的智力完全没有问题，孩子妈妈也说孩子在家很爱说话，但在幼儿园就是不开口。老师一直百思不得其解，终于有一天，老师发现了问题所在。

周一早晨，孩子妈妈送孩子来幼儿园，进门以后要孩子向老师问好，孩子只是在旁边羞涩地笑，无论如何也不开口，孩子妈妈这时尴尬地说道："我这个孩子从来不说话的，急死我了，也不知道能不能改了"——当时孩子就站在老师的身边。

在这里，想奉劝诸位家长一句——想要改变孩子，首先请改变自己！改变的首要一点，就是别给孩子贴上任何负面的标签！

有很多父母，遇到孩子不肯在人前表现时，就逼迫孩子，实在不行，就自我解嘲说："我家这孩子没出息，就是这样胆小害羞。"

对父母来说，这可能只是一时情绪的发泄，然而对于孩子来说，这些"标签"却像魔咒一般，也许终生难以解除。

这样的做法，实际上不仅仅打击了孩子的努力，更是给孩子一个永世不得翻身的诅咒：你就是这样的人，你就是胆小害羞，那些事情对你来说根本没法做到……

孩子就像一张白纸，你给他贴涂上什么，他就会变成什么。有些女孩原本没有爸妈想象得那样胆小害羞，但因为爸妈不断地责备，孩子变得瞻前顾后，退缩不前。

——因为我很害羞，我可以不用向人问好。

——因为我很害羞，我可以单独一个人玩，不用和其他小朋友一起交流和互动。

幼儿的可塑性很强。每一个孩子，都可能表现出某些方面的积极行为，而在另一方面则可能表现出消极的行为。教育的作用在于，引导孩子朝积极的方面发展，而给孩子贴标签，是给孩子的一个定性的消极评价。

积极的期待催人进步，消极的评价则会将人推向歧途。如果父母总是以消极的方式定位孩子，给孩子贴上"胆小""害羞""什么事都做不好"等消极的标签，孩子会认为标签就是自己的属性，从而放弃努力，成为那个令爸爸妈妈头疼的"问题儿童"。

所以，不要随便给女孩贴消极的标签。多看看孩子身上的闪光点，多关注她的细微进步，用积极的标签来鼓励她，你会发现，自己的女儿就像你希望的那般出色。

个性有时候是天生的。

其实，内向害羞只要不影响孩子与社会正常的交流和沟通，也无大碍。

因此，我们在引导害羞的女孩时，不要老想着完全改变她的个性，那不现实。

我们带给孩子的，应该是快乐，而不是强迫。

既然女孩生来感性，又何必要她过分理性

在这个世界上有两种人，一种是男人，一种是女人，他们相辅相成，相互补充，这个世界才有了美。

男人是理性的，他们用理性来做出决策，去改变世界；女人是感性的，她们用感性为这个世界增添美和色彩，世界也因为感性而美丽。男人与女人，本身就应该是不同的。当一个女孩子太过理性的时候，那也许是一件可怕得让人无法忍受的事情。

欧阳铁男是个很漂亮的女孩子，她从小没了父亲，因而妈妈管教得格外严厉，所以成了一个很理性的人。

小时候，别的女孩子都喜欢听白雪公主之类的故事，但是欧阳铁男从来都不听，因为在她的意识里，那些都是假的。

欧阳铁男读书的时候，学校组织大家参与慈善活动，但是欧阳铁男从来都不参加，因为在她看来，那太浪费时间了，有谁需要一个小孩子的帮助呢？孤儿院里的老人需要的是更好的照顾，而不是一帮小孩子过去为他们去表演什么所谓的节目。

后来欧阳铁男长大了，她脚踏实地地选择了做一名工程师，在她看来，工程师最实在，靠手艺吃饭，什么时候都不用担心失业，不像那些女孩子一样，总是每天做着不着边际的梦。

再后来，有男孩子追求欧阳铁男，送给欧阳铁男小礼物，欧阳铁男当场就拒绝了。她不喜欢这些没用的东西，鲜花放几天就凋谢，她要的是一份安全感和一个可以陪她过下半辈子的人。

最终，欧阳铁男找了个和她一样无趣的人，他们的每一天都非常理性，理性到从不过结婚纪念日，从不邀请别人来家里吃饭。多年后，欧阳铁男老了，她退休了，每天过着很有规律的退休生活，不缺吃也不缺穿，但是每天陪伴她的，除了那个不声不响的老伴儿外，还有一个老朋友，它的名字叫作孤单。

后来，当别人有滋有味地回忆起童年时的欢歌笑语、少年时的青春萌动、青年时的为爱痴狂、中年时的酣畅淋漓以及老年时的天伦之乐时，欧阳铁男的心里总是空落落的，因为在她理性的人生里，好像自始至终都一样，她的人生一直在固定的轨道上行走，从未有过偏离，从未感受过新鲜，所以她的人生也就成了一幅没有色彩的画。

如果这个世界上的女孩子都不再感性，该是一件多么可怕的事情。

女孩子，从出生开始，就是感性的代表。女孩的出生，是在不断为这个世界增加美和色彩的。一个感性的女孩，往往很容易动感情，而这些感情，会让她的生活更有活力。当孩子看到拾荒者流露出怜悯进而献出爱心的时候，当她看到同学倾尽全力帮助你而感动的时候，当她欢快地吃着妈妈做的最美味的饭菜的时候，她的心中一定是快乐的，她那感性的心会让你更容易体会到一种特别的幸福！所以，为了女儿的幸福快乐，帮她留住那份与生俱来的感性吧！

所谓非常理性的人，往往都让人受不了，无论男女。但女孩确实不能缺少理性。

其实，爸爸妈妈只要教会女孩分情况去理性，她就可以过得很好。

高级的理性，是控制得了自己的智商和情商，并以善良为底线不伤害他人且对自己好。

但理性不是没有喜怒哀乐，不是彻底禁锢情绪、欲望和冲动，教会女孩在理性和感性之间把握合适的分寸感，她不但自己活得轻松，别人和她相处也会感到很舒服。

女孩更在乎外界评价，请给予她积极暗示

与男孩相比，女孩更容易学会揣摩大人的心思，很在乎别人怎么看待自己，把老师和家长的评价看作是最高的评价、终极的评价、不可更改的评价。如果我们不小心给了女孩负面评价，这种心理的影响，又没有得到及时矫正，甚至可以影响女孩的一生。

有一位女护士，大专毕业后，在一家大医院里工作，形象、气质、修养都挺好，追求她的男孩很多，其中不乏优秀者，对此她一概拒之门外。后来，她不顾家人和朋友的劝阻，找了一个各方面都不怎么样的丈夫。

熟悉她的人对此都很不理解。他们婚后的生活很不幸福，夫妻间没有共同语言，丈夫的修养差，动不动还打她。她成天以泪洗面，一年后，伤心地离了婚。

她本可以避免这场注定没有好结果的婚姻。为什么她执意要选择一个糟糕的男人呢？其根本原因是她对自己的外貌很不自信。

外貌姣好的她为什么会不自信？这要追究到她从小所受的家庭教育。

小时候，不知出于哪门子的审美标准，还是她小时候真的长得不好看，从她记事起，她妈妈就多次当面说她："小丫头，

你长得这么丑，长大了找对象都难哦！"

慢慢地，她就真的认为自己长得丑。如果别人说她漂亮，她就认为是在说反话，嘲笑她。

后来，随着她自信心的增强和心理医生的指点，她终于认识到自己的外貌并不丑，属于比较漂亮的这一类，"长得丑"的标签贴在她身上多年，使得她深受其害。

心理暗示可以改变一个人的心理，心理的改变，又可以带来人生的改变。

女孩的幸福，首先从爱自己、欣赏自己开始的，父母的任务，就是尽力帮助她们培养这种信心。

杜冉冉是个体形偏胖的女孩，她的体态像爸爸，有遗传因素，平日胃口又好，想减肥难度很大。而且，妈妈也明白，冉冉即使能瘦下来，也不能变成那种她喜欢的纤细苗条的体形。

面对愁眉苦脸的女儿，妈妈一直在想办法。一个星期天，冉冉的姑父和姑妈来家中做客，姑妈是一家律师事务所的负责人，接过很多和经济有关的大案子，是杜冉冉的偶像。那一天，冉冉和姑妈聊得很高兴。

姑妈离开之后，妈妈对杜冉冉说："我发现一个秘密，你长得越来越像姑妈了，将来一定也能像她那样做出一番事业来。"

杜冉冉高兴地说："对啊，咱们家的亲戚里我最喜欢姑妈了！"

妈妈说："不光你喜欢她，当年上大学的时候，她长得丰满漂亮，性格开朗，老师和同学们都喜欢接近她。"

杜冉冉的眼睛亮了，从此，很少再为自己的身材发愁了。

女孩对自己的认可，和父母的看法有着直接的关系。如果你的女儿在外表上有对自己不满意的地方，做妈妈的，可以通过适当的心理暗示，让她喜欢上自己的特点。

本来，美就是没有一定之规的，一个欣赏自己的女孩，修饰得当，热情洋溢，70 分的容貌，就是 100 分的效果。更为重要的，因为爱自己，又可以激发起她对未来的渴望和进取之心，一步一步地就会往我们期待的秀外慧中的方向发展。

暗示是人类最简单、最典型的条件反射；

给予孩子不同的心理暗示，其结果可能是一念光明、一念深渊。

如果，我们能够经常给予孩子一些积极的心理暗示，就会引发她的自信气场，这将带来无比巨大的推动力，使她一步步迈向更高的人生台阶。

CHAPTER 02

好爸爸胜过好老师，

女孩的教育，父亲不能无视

如果一个家庭中，只有母亲在陪伴和教育孩子，那么很不幸，孩子正在经历"丧偶式的家庭教育"。在这种家教氛围下成长的女孩，她的人生会出现很大问题！

其实养育女儿，就像绣花一样，考验着父亲的心性和智慧。

用一颗温柔的心去教育女儿，守护她的纯真与美好，是为人父亲的天职。

父爱无踪，是女孩一生无法愈合的伤痛

教育家孙云晓讲过这样一件事：

有一天下班，孙云晓乘出租车回家，路上，健谈的司机问他"您从事什么工作啊？"

孙云晓回答说："我做儿童教育。"

司机有些不以为然："大男人还做教育啊！"

聊天中，孙云晓得知司机家里有一个女儿，就反问他："您孩子的教育您都不插手吗？"

司机带着几分得意地说："在我们家，女人负责教孩子，男人只管挣钱！"

很多父亲就像这位司机一样，在孩子的成长过程中，他们不知不觉就成了缺席者。

在许多孩子的图画里，爸爸的形象没有手，因为他们没有机会去牵爸爸手，他们不知道爸爸的手长什么样。

父爱，成了孩子们的稀缺品，很多家庭，都在经历着"丧偶式育儿"。

殊不知，缺少父教，很容易给孩子造成不可愈合的心理问题。

与张爱玲同时代的女作家梅娘曾说：张爱玲的悲剧在于没有爱心。

或许梅娘并没有说错，张爱玲对人对己，都冰凉至极。

张爱玲的文章里出现频率最高的一个词，是"苍凉"。什么是苍凉？荒芜而悲凉。在张爱玲的心里，这世间的一切似乎都不带有丝毫温度，亲情如是，爱情如是，人生亦如是——人心薄凉，世态炎凉，真是深入骨髓的凉。

张爱玲的母亲在去世前，曾写信给张爱玲，她说："我现在唯一的愿望就是见你一面。"

然而，张爱玲冰冷地拒绝了，她以为她是想要钱治病，慌忙寄去一百美金，表示至死不相往来。数月后，张母的遗产寄到张爱玲处，是满满一箱很值钱的古董。

张爱玲对自己，同样刻薄至极，她曾冷冷地对自己说："反正你将来也不会有好下场。"

她的情感世界是残缺而畸形的，所以她小说里的情感也残缺而畸形；她对待这个世界是冰冷的，所以她小说里的人物也带着寒气。而张爱玲的残缺、畸形与冰冷，正是源自她的原生家庭。

张爱玲幼时父母离异，母亲弃她而去，她的母爱由此消失；父亲再婚以后，对张爱玲也由之前的宠爱变成了虐待，她遭受过父亲给予的冷落和冤屈，也曾被父亲软禁和殴打，从那时起，父亲在她心中悄然死去。

她觉得自己成了无人问津的弃儿。

一个女孩，从小缺少父爱，那么在她长大以后，一定会下意识地弥补这个空缺，她极易成为一个"大叔控"。

父亲是否具有责任感，是否爱家，是否果敢、镇定，是否智慧、博学，都会影响着女儿对异性最初的评价。生活中的父亲的形象，会让阅历缺乏、自主判断尚未形成的女儿，产生"男人都是这样的人"的错觉，或者出现"男人应该成为这样的人"的想法。这将直接影响到女儿对异性的期待。

相关研究表明，父亲是女儿将来择偶的重要参照，如果父亲给女儿的印象是正面的、温暖的，女儿就会寻找和父亲近似的男性为偶；如果父亲给女儿的印象是负面的、冷漠的，女儿要么会对异性失望、对婚姻生活冷淡，要么就会走极端，男性只要对她有一点好，就可以一美遮百丑。

正是在这种情况下，张爱玲选择了胡兰成。一个比她大14岁的有妇之夫，而且是个出了名的浪荡子。

只因为，胡兰成和自己的父亲像极了。气质相似、喜好相似，又都风流成性，年龄上，也差不多可以做她的父亲了。

不过，张爱玲依然没有得到她想要的爱，或者说是她想要的父爱，胡兰成纵情声色、处处留情，最后，他们离婚了，张爱玲又一次被遗弃。

但她，仍在重复这种关系模式。

前往美国以后，她嫁给了作家赖雅，一个比她大29岁的男人。在落魄的生涯里，仰仗赖雅乐观的气概，她站在他的身边，像个孩子般，饥渴地汲索着他的爱和温度。11年后，赖雅离世，她又一次被"遗弃"了。

现实中得不到的父爱，张爱玲索性让它在小说里成为现实，《心经》女主人公小寒就这样在张爱玲的任性下与父亲相爱了，不是父女之爱，而是男女之爱。扭曲的感情观简直让人毛骨悚然。

她想要一个爱她的父亲，那是一种疯狂的渴望，但她终其一生也未能如愿以偿。

父爱缺失，会导致女孩出现不同程度的心理创伤，使她们在潜意识中对这个世界产生不信任感，甚至出现透明强韧的情感隔离。

很多无法得到父爱的女孩，在她们成年以后，生活里除了混乱就是软弱，或者是冷漠。她们的人生苍白无色，对人对物都持有深深的情感隔阂，她们无法像被父亲宠爱的孩子那样幸福地工作和生活。

儿童心理学研究表明，父爱缺失的女孩情感障碍十分突出：她们可能会抑郁、任性、依赖、自卑、自制力弱、攻击性强；进入青春期以后可能会热衷于早恋、逃学、吸毒、酗酒等，甚至迷恋暴力。

父亲是否合格，直接影响着女孩的人生。

尽管随着女孩的长大，会有父亲之外的男性形象影响她，但是父亲的影响却是对女儿最初的和最基本的影响。

遗憾的是，有很多父亲在女儿的成长中是缺席的或者不充分的。他们常说自己太忙，而事实上，"忙"是相对的。最根本的原因还在于他们对父亲角色作用缺乏认知和重视。其实，即便真的很忙，不能和女儿成为玩伴，但只要能更多地陪伴和关注女儿，也是可以的。

人生下来有两个发展方向：

一个是亲密性，妈妈在这方面优势明显；

一个是开放性，爸爸的影响力在这里重要至极。

母性教育就像是孩子的"根"，它可以使生命滋润、丰满；

父性教育是孩子生长的"主干"，它是孩子生命的主心骨。

所以为了女孩不至于迷失在苍凉大地，请你再忙也要承担起子女教育。

好爸爸深度陪伴，送给女孩最大的安全感

在孩子的心里，父母的身边才是最安全的港湾，而带给孩子伤害最深的，不是生活环境的窘迫，也不是疾病造成的痛苦，是来自父母的疏远感。这是一种永久性的心灵伤害，当我们意识到这个问题的严重性时，再想去弥补与孩子的情感隔阂，往往漫长而艰辛。

被父亲疏远的女孩，内心会形成一个深不见底的黑洞，再多的美好也无法将其填平。

父亲，是一个女孩亦正亦邪的宿命。

某武打巨星的女儿在一次接受采访时说：

"我一出生，所有人都知道我是谁，而我自己却不知道我是谁。我从未想过从他身上得到任何东西，他遗嘱上连我一个字都没提，我不会恨他，没有关系。我找他不是要钱，我只想告诉他，我小时候发生了什么。"

不知父爱为何物的她长大以后叛逆至极，曾经流落街头，一再离家出走，声称与母亲断绝关系，和一个比自己大 18 岁

的男人结为夫妻。

其实，她所表现出来的极出格的乖张和叛逆，也许只是为了引起那个父亲的注意。

吃不到糖的孩子，会一直渴望糖的甜味；缺少父爱的女孩，一生都在寻找父爱。

那缺席的父爱，如同抹不去的伤疤，会伴随女孩的一生。

父亲是女儿通往丰盈世界的指路人，从小被父亲陪伴的女孩，内心富足丰盈，温柔而不乏坚定。人群中，她就像一个高贵的公主，温暖明亮，魅力无穷。

被父亲宠爱，是女孩毕生渴望的幸福。

之前看过一个教育专栏，一位心理学家在节目中谈起了自己和女儿的一段往事。

当时，女儿在北京读大学，有一次，心理学家夫妇去探望女儿，很巧，那晚女儿生病了。

在医院输液的时候，按照规定，只能由一位家属陪伴、看护，爸爸问女儿："让妈妈留下来陪你好吗？"

下一刻，女儿没有丝毫犹豫地回答："爸爸，我需要你陪在我身边。"

这个回答让他心里瞬间被温暖包围，他没想到，女儿在最需要陪伴的时刻，选择的是他。

他很感慨地说："高质量的陪伴给了女儿安全感，尊重女儿的每次选择给了女儿信任感，让她在面对痛苦的时候选择了我。"

满格的父爱能给予女孩满格的安全感，让她们在面对生活的各种困境时拥有十足的底气。

父爱在女孩成长的道路上，可以为女孩遮风挡雨、披荆斩棘，会帮她们消除恐惧与萎靡，增添她们的信心与勇气，有父亲的陪伴，女孩能够更清晰地走好当下的路。

随着《中国诗词大会》第二季落下帷幕，一个身高180cm的上海姑娘迅速走红。她叫武亦姝，那一天，她不光斩获了《中国诗词大会》第二季的冠军，更拿到节目开播以来的最高分，被誉为"国民才女"。

而对武亦姝的热赞刚刚消退不久，她就再一次登上了热搜。

2019年，武亦姝以高考613分的好成绩（上海满分660），被清华大学新雅书院录取。

网友纷纷表示：生女当如武亦姝！

事实上，武亦姝之所以如此秀外慧中，与她有一位愿意与她并肩同行的父亲有很大关系。

小时候，武亦姝也曾产生过厌学情绪，她也曾被父母制订的各种计划、安排的各种辅导逼得很烦，所以，她给父母的回应就是——敷衍。

武爸爸很快意识到自己的教育出了问题，为了纠正女儿，也为了纠正自己，武爸爸下班以后不再跷起二郎腿看电视、下象棋，他开始研读《二十四史》和《山海经》。

身为知名大律师、业务繁忙的他，每天下午定时关闭手机，陪女儿畅游名著，进行角色扮演和故事改编；他和女儿最喜欢玩的游戏是成语接龙，他们约定，谁输谁洗碗。

从吾家有女到初长成，武亦姝在爸爸、妈妈共同营造的书香盈门氛围中，幸福长大，日渐升华，终至成为诗书满腹的

"国民好闺女"。

父爱是一种特殊的存在，对养育子女有一种特殊力量。

父亲可以从男人的角度，给予女孩自立、自信、自尊与自强，使女孩感受到与母亲截然不同的爱。

所以，如果你真心希望自己的女孩出落得美丽大方、才华横溢，生活得温暖阳光、幸福洋溢，请让她感受到最深沉、最原始的父爱，请多抽出一点时间，用爱去滋养她，她才不会因为渴望一粒糖，而迷失了方向。

孤独的时候，谁都想有个人陪伴，尤其是孩子。

孩子所希望的，也许仅仅是爸爸妈妈能多陪自己一会儿，给自己讲个童话故事，就这么简单。

经常疏于陪伴孩子，无论我们的爱有多深，孩子都难以被打动，因为她已经习惯了独自玩耍。所以不管你有多忙，坚持多陪陪你的女儿，不要让她在没有父爱的世界里一个人行走。

用父爱去托举，成就女儿一生的美丽

儿童教育学家公开的一份数据显示：70% 的精英女性认为，自己的自信心、幸福力，来自父亲的陪伴、宠爱和鼓励。

一个从小被父亲深度陪伴、恰当宠爱的女孩，长大以后浑身都散发出自信自爱的光芒。她的内心笃定从容，柔韧而不乏力量，父爱可以给予她十足的勇气去追逐梦想。

杨绛先生初入钱家时，钱父要求她做家庭主妇，待在家里相夫教子。

此举遭到杨绛父亲的强烈反对，他以一个父亲的身份，堂堂正正地告诉钱父："我花那么多心血培养的女儿，可不是为了给你们钱家当不要工钱的老妈子的！"

得益于父亲强有力的支持和鼓励，杨绛婚后依然能够从事自己喜爱的文学事业，也得益于父亲当年的陪伴和培养，杨绛逐渐大放异彩，成为世人口口相传的杨先生。

父亲无条件地支持与宠爱，是女孩追逐梦想的底气。

英国文学家哈伯特说："一个好父亲，胜过100个校长。"

在女儿的生命中，父亲是第一个男性，女儿对于男性的认知和理解都来自父亲这个"范例"，而且，很长时间内，父亲这个范例是最具有权威、最可信赖的。

女孩最早的镜子就是自己的父亲，如果父亲对女儿的着装、举止等有关性别色彩的方面，毫不注意或者有所压制，女儿就会在女性气质的建立方面落后于人；如果父亲经常适时地发表自己的意见，女儿就更容易认同和重视自己的性别角色，更容易形成自己的女性魅力。

女孩更在乎父亲的评价，更渴望来自父亲的关注和赞美。在家庭中，若能得到父亲的关注、认可，女儿更容易开朗和自信；相反，如果女儿感受不到父亲的关注和认可，女儿就会感到自己被冷落、不重要、不可爱，从而变得自卑和孤僻。

一位在事业和婚姻上都屡屡遭遇不幸的女性这样回忆自己

的父亲：

在我很小的时候，爸爸妈妈就离婚了，我是由妈妈抚养长大的。因为没有爸爸，我虽然学习成绩很优异，但内心深处却十分自卑——我总是不由自主地告诉自己，我是一个没有父亲的孩子，是一个被父亲抛弃的孩子。渐渐地，我开始逃避周围的一切，变得不能用理性的态度面对一切……我非常恨我的父亲！

一位女性成功者则这样描述自己的父亲：

我之所以能有今天的成绩，我认为与我的父亲有直接的关系。

我和爸爸的关系一直很好。小时候，爸爸常会想出一些好的能够消磨时光的事情，比如集邮、集币之类的事情，叫我跟他一起忙。一方面，是为了培养我的兴趣；另一方面，更是创造我们父女可以在一起的机会。我们一起玩、一起学习、一起参加各种社交活动……

爸爸无微不至的父爱让我一直生活在自信和快乐的情境中。从爸爸那里，我学到了太多东西，而这些东西，都是我成长和成功不可或缺的。我非常感激我的父亲，是他开阔了我的世界，教给我闯世界的本领。

深沉而高质量的父爱，就是女孩精神上的灯塔，一直照耀着女孩前行的路。

对女孩来说，真正的富养，其实是用爱供养。

这种供养，显然不是指物质层面的充分满足，而是精神层面的滋润与抚慰，它能使一个女孩即使被折断过翅膀，也能获得新生，振翅高飞。

知名作家周志文教授曾发表过一篇文章，《守候着我的

"笨"女儿，直至她花开烂漫》，感动了无数的父亲母亲。

已经白发苍颜的周教授在这篇文章中以一个父亲的口吻，平实地讲述着自家"笨"女儿的成长故事。

球儿出生就比别人慢半拍，一路成长磕磕绊绊，遭受着同龄人的冷落与轻视，她的自信已经被摧毁，如果你的孩子出现这种情况，也许你已经不抱任何期待。

而周教授说：

"没有一个孩子是可以被放弃的，这一点家长和孩子都要记得，在教育的历程中，没有一个受教育的人是该被放弃的。

父母放弃子女是错的，教师放弃学生是错的，而孩子本人，更没有理由放弃自己。"

所以在每一次女儿成长的关键时刻，他们都给予了"无条件的爱"！

周教授夫妻选择接受并包容女儿的一切：

他们选择相信女儿，他们会竭力去发现女儿的闪光点，哪怕只是一点点；

当现实与梦想发生碰撞的时候，他们选择相信女儿的选择；

当女儿一次次遭遇挫折，相当痛苦的时候，他们用父爱母爱做女儿的安全屏障；

当女儿自信崩塌之时，他们的鼓励一直托举着女儿一路前行。

后来，从小到大成绩一路垫底的球儿，受到辛辛那提大学奖学金邀请，前往这所顶尖音乐学府进修博士学位。

父亲无条件的爱，托举起"笨"女儿的一生，让她的梦想照进了现实。

如果说，女儿是父亲上辈子的小情人，那么此生，父亲就是女儿最温柔的铠甲，护女儿一世周全。

对于女孩子来说，如果有一个懂得如何爱她的父亲，她在这个世界上就会活得非常有底气。

能被父亲深度陪伴的女孩才是真正的幸运儿，在父爱的包裹下，她们可以笃定、自信地昂首前行，走好每一段人生路。

教养的秘密

女孩极需要父亲——这个在她生命中最重要的男人，对她生命价值的认同。

她的自尊、自信和自我价值，主要源于父亲对她无微不至的鼓励。

拥有了父爱滋润的女孩，很少受到孤独感、恐惧感和不安全感的折磨，而这些，正是困扰大多数女性的主要问题。

所以，无论如何请认可你的女儿，陪伴她更自信地去面对这个世界上的各种挑战。

让女孩知道，爸爸一直都在爱着她

有时候，女孩虽然被妈妈照顾得很好，但是对她们来说，最有力的臂膀还是爸爸给予的。

璐璐是家里唯一的孩子，爸爸好像也没显出特别的喜欢。

看到别人的爸爸殷殷地关怀女儿，璐璐心里便有了比较，觉得爸爸不喜欢自己。

妈妈对璐璐说："爸爸是爱宝宝的，只不过爸爸的爱是用另一种方式表达出来的。爸爸不管多忙，总会在星期天带你出去玩，这不就是爸爸的爱吗？"

"可是，爸爸为什么不跟我说话呢？"璐璐似懂非懂。

妈妈把璐璐的困惑告诉了爸爸，爸爸心里很吃惊。爸爸本来就是个沉默讷言的人，他不知道怎么跟女儿交流，虽然他爱这个天使般的女儿。他的皮夹里、办公桌上总放着璐璐的照片，别人都说照片上的孩子像爸爸，爸爸很为宝贝女儿自豪，可是，怎么才能让4岁的璐璐了解爸爸的爱呢？

他希望改变自己在璐璐心目中的形象。爸爸工作很忙，但是不管多晚回来，总要先去她的房间看一看。如果璐璐睡了，就会亲她一下。有时候爸爸回来，璐璐刚入睡，睡意很浅，爸爸一亲，她就会醒过来。然后，璐璐就会从被子里伸出小手，抚摸爸爸的脸、爸爸的胡子。爸爸还是不知道该说什么，但是他学会了尽量给女儿拥抱，让璐璐感受到他的爱。

爸爸不知道璐璐是不是感觉到了自己的改变，不知道她是不是觉得幸福。可是妈妈感觉到了。有一天周末，爸爸带璐璐去广场玩，半个小时以后妈妈去看女儿的时候，简直不敢相信眼前的情景。只见璐璐把鸽食放在手心里，鸽子在她的手里愉快地吃食。再看爸爸，正坐在一边笑眯眯地看着他的宝贝女儿。

这简直太神奇了！要知道，璐璐一直是个见什么怕什么的"胆小鬼"，就拿喂鸽子来说吧，以前妈妈带璐璐来广场的时候，璐璐总是被鸽子追着满广场跑，就是不敢把手里的鸽食扔在地上。可是为什么璐璐在爸爸的面前就能如此大胆呢？

也许是因为在爸爸面前，璐璐会有一种实实在在的安全感吧！妈妈想。看着阳光里女儿搂着爸爸的脖子，很亲昵的样子，妈妈知道，璐璐的困惑已经没有了。

如果爸爸比较细心的话，就会发现三四岁的女儿身上，总有让爸妈各种看不惯的行为，尤其是懦弱。女孩子的懦弱，会让爸爸非常迷惑："这孩子究竟怎么了？为什么我越是教育她，她却越是懦弱，反而还对我有很多意见？"这样的爸爸不明白，其实孩子需要的不是千篇一律的说教，而是一句温暖人心的鼓励，是一种爸爸站在自己身后能给予的强大安全感。

翟微微今年四岁了，是幼儿园中班的班长。不过，虽然她在学校里很快乐，却非常不喜欢爸爸，因为无论她取得了多大成绩，爸爸也不会表扬她。爸爸总说："还行吧，爸爸像你这么大的时候，比你更厉害！"

久而久之，翟微微有了成绩，也不会再给爸爸说了。她还不知道，这个世界上有个词叫"负罪感"，不过，这种心态已经牢牢在她的身上扎了根。她对老师说："我不喜欢爸爸！他好像是我的仇人，我做什么他都不满意！"

老师把翟微微的爸爸请了过来，向他说明了这件事。爸爸也是很愕然，说："怎么会变成这样？我那么说，是为了让她做得更好，绝不是为了打击她！要知道，我只有这一个女儿，我非常爱她！"

翟微微嘟着嘴说："爸爸不爱我！爸爸不爱我！"

老师看着这对父女，也是哭笑不得。她对爸爸说："这件事的确是你不对。这么小的孩子，还是应该以鼓励为主，别给她增加那么多压力！"

翟微微与爸爸之间的矛盾，就在于爸爸不懂得孩子的心理，总拿对 15 岁孩子的要求，来对待一个还在幼年的孩子。也许青少年通过父母的"反话"，会激起一种要强心，一定要让父母看看自己的能力；但是对于三四岁的孩子，他们根本没有这么成熟的辨别能力，以为父母总是打击自己。久而久之，他也会对自己失去信心，更对父母的说教感到反感。

其实，现代教育心理学已经证明，对于幼小的孩子，鼓励会比说教、刺激更有效果。正确的评价、恰当的表扬与鼓励，会让孩子感到父母对自己的肯定，从而，他会燃起自信心、上进心。让孩子受到赏识，学会感动，这是教育的一种极佳境界。孩子一旦受到了父母的鼓励，他们就会对父母无比感激，这无论是对孩子的成长，还是亲子关系的建立，都是百利而无一害的。

教养的秘密

坚持教养不容易，表达爱意却不难。

爱，是维系一个家庭最重要的因素，你可以对孩子批评教育，但你一定要让她感觉到，你很爱她。

她也会回馈给你同样的爱，这就是孩子们快乐童年的秘密。

男人最大的成功，是让女儿以自己为荣

美国密歇根大学曾持续 50 年做了一项重要调查，其主要内容为：父亲教育的正确性，对于女儿智力发展、情感形成以及身心健康的影响。

调查结果显示：

47% 的女孩，相对于母亲，更多地从父亲那里陶冶和继承了艺术天赋；

54% 的女孩表示，她们从父亲那里得到了更多的知识，尤其是自然科学、国际关系、历史等女孩子往往不感兴趣的学科；

65% 的女孩认为，正因为儿时受到父亲足够的关爱，自己长大以后的抗挫力、自愈力才会这么强；

67% 的女孩确定，自己的自信心更多来自父亲的欣赏和鼓励。

如果说，女孩是将要飞向青天的凤凰，那么妈妈是女孩飞翔的起点，而爸爸就是女孩飞翔的方向。爸爸是女孩一生都想效仿的榜样，不论是在女孩的潜意识还是显意识里，都是如此。

爸爸的人生观、价值观，待人接物的方式，举止风度，都将给女孩留下深刻的印象，当她们成年以后，爸爸的影响就会在她们身上开花结果。

赵小兰随同家人来到美国一年后，入境随俗，也想举办一次自己的生日派对。她跟爸爸妈妈讲了这个愿望，他们表示完全赞成，并亲手做了奶油蛋糕，准备了生日蜡烛和晚会帽子，希望自己的女儿能同美国孩子一样，热热闹闹地做一次接受别人祝贺的小公主。

许多邀请请柬发出去了，他们期盼着客人们的到来。不料，生日派对那天晚上，望眼欲穿的赵小兰，只等来了两个同学，她的心情跌落谷底，眼泪在眼圈里打转。

爸爸的心灵感应到了女儿的心灵，却不动声色，照样举办生日派对，照样切蛋糕，照样唱生日快乐歌。父爱并不是一个模式的，赵小兰的父亲爱女儿，用自己的言行，向没有成熟的孩子灌输了处变不惊、不卑不亢、自尊自重的生活方式。

良好的父爱会让女孩懂得爱惜自己，尊重自己，保持尊严；会让女孩保持自己的价值观，知道要为更美好的事物奋斗。在父爱的熏陶下，女孩在面对他人时，不会懦弱，不会自贱，不会做让自己受到伤害的事情。

女孩是否以自己的爸爸为荣，爸爸身上是否有足够的精神营养供孩子汲取，这是教养的关键。那些以爸爸为荣的女孩，更容易建立起较高水平的自尊，并对自己产生较高的自我预期。

对于爸爸来说，教养女儿的过程，也是一个自我教育的过程，孩子会模仿父母，我们不能禁止孩子们模仿，相反，我们应该让自己值得模仿，哪怕是我们行为中最微不足道的细节。

陈青海是一个很有才华的人，在一家广告公司做文案工作，他有一个五岁的女儿，一家三口，生活得很幸福。

大学时代的自由生活，使陈青海养成了不拘小节的习惯。他说话直接尖刻，从不顾及别人的感受，在日常生活中，不按时吃饭、通宵熬夜的事儿也时常发生。妻子纠正过他多次，可陈青海当时答应得挺好，一转身就又忘记了，继续我行我素。

不过，女儿上幼儿园大班时发生的一件小事，使陈青海彻底改变了自己。

在一次家长会上，老师告诉陈青海："你的女儿很可爱，非常聪明，老师教什么东西她差不多都是第一个学会。但是她和小朋友们相处时不太友好，昨天一个小朋友要和她一起玩拼图，她竟然说'这不是笨人玩的游戏，你醒醒吧'。"

陈青海惊出了一身冷汗，天啊，这不是自己的口头禅吗？妻子纠正过多次，可就是改不了。女儿这么小就目中无人，长大后不在社会上碰壁才怪，等她性格定型之后，再矫正肯定是事倍功半，看来从现在开始，就应该注意在对女儿的教育上下功夫了。

陈青海知道女儿的一些小毛病都是从自己身上学来的，要教导女儿，首先自己要改过。否则，不光影响自己的个人形象，还将影响到女儿的一生。

从此以后，只要女儿在身边，陈青海就格外注意自己的言行举止，说话文质彬彬，对妻子和女儿坚持"多称赞，不挖苦"的家庭政策，每天吃过晚饭后，一家人在小区周围散会儿步，回家看看电视，看看书，安排女儿睡觉后，自己也按时休息。

一开始时，陈青海只是有意识地控制自己，但时间长了，自然而然成了习惯，不仅仅是做给女儿看了。单位里新来的大学生，还总是赞叹"陈哥做人宽容体贴"呢！更重要的是，女儿在上小学的时候，不知不觉地，已经变成了一个文静可爱，乐于助人的小姑娘，有规律的作息生活，更给了她一个健康的身体。

孩子模仿父母，最初并不会鉴别分辨。父母希望孩子学的，他会模仿；担心他学的，他照样会模仿。这时候，父母仅仅是在口头上禁止是没有效果的，自己都做不到的事，如何还能要求孩子做到？

我国著名的教育家朱庆澜先生曾经明确指出："无论是什么教育，教育人要将自身做个样子给孩子看，不能以为只凭一张口，随便说个道理，孩子就会相信。"所以，如果希望自己的女儿品学兼优，首先，爸爸就要做出表率来。

教养的秘密

父母是孩子的镜子，映照出孩子的未来；

孩子也是父母的镜子，折射出父母的影子。

这世上，大概没有一位父亲想成为女儿的"坏榜样"，但他们总在不自知中成了这种存在。

爸爸想让女儿成长得像花儿一样，首先就要提高自身的修养。

把姿态放低，女儿才愿意亲近你

很多父亲常困惑地问：

"为什么孩子看上去很怕我，为什么孩子有话不愿意对我说？"

其实根本原因就是，这些父亲太爱"装酷"了，他们总是爱摆出一副高高在上的样子，借此来显示父亲的权威。

女孩的天性中对权威就有种惧怕感，因此她们虽然尊敬自己的父亲，却无法理解他，不敢亲近他，总觉得跟爸爸缺少"共同语言"。所以，如果爸爸期望自己的女儿能够喜欢自己、亲近自己，那么就请立刻放下你的高姿态。

有一位父亲，因为做惯了领导，所以即便回到家里，也总是爱板着一张脸，不怒自威。当然，在这个家里，他是一定要说了算的。

女儿上了中学，跟爸爸的关系越来越疏远，在家里很少主动和爸爸说话，一方面是有点害怕爸爸，另一方面，也是对爸爸的大男子主义有些排斥和厌恶。

一次，这位爸爸听了儿童教育学家的演讲，想改善自己与女儿的关系。十一长假到了，他正好也休假，便决定和孩子一起去旅游。

"闺女，爸爸妈妈想跟你一起出去转转。我们没出过远门，不如由你当领队，咱们去什么地方，坐什么车，住什么店，吃什么饭，玩什么项目，全凭你做主！"

女儿愣了好一会儿，她简直不敢相信自己的耳朵："你没骗我吧？爸爸，你说的是真的？"

爸爸笑了，很认真地告诉女儿，这是真的。

女儿高兴坏了，马上翻开手机，查看旅游攻略、列车时刻表，精心地设计了旅游规划。一路上，夫妻俩都没食言，所有旅游相关事项全凭女儿做主，而女儿也将这一切处理得井井有条，称得上是一次经济实惠又非常有趣的愉快旅行。爸爸不仅感受到从未有过的放松，对女儿出色的规划能力也是感到非常惊讶。

旅游归来，爸爸真诚地夸奖着女儿："闺女，你很出色！你比老爸当年强多了！"他还对妻子说："女儿的规划和组织能力很强，将来必然是个不错的女领导！"

女儿和爸爸的关系从此大为改善，她悄悄对妈妈说："我第一次发现，我爸其实挺可爱的，你选的男人不错！"这对有很深隔阂的父女就这样慢慢成了好朋友。

我们看，和孩子搞好关系就是这么简单。很多父亲的失误就在于，他们常常自恃高明，总觉得父亲就要有父亲的样子，在孩子面前就要高高在上。然而，孩子可不喜欢这个样子。

在欧洲国家，父母们认为，大人必须平等地对待孩子，和孩子成为好朋友，才能成为称职的家长，才能教育好孩子。我们可以看一下，一位英国爸爸是怎样教育他的女儿们的：

乔治是自由职业者，他在教育孩子方面下了很多功夫。他说自己一直在努力为孩子提供一种民主的家庭气氛，他和孩子的关系就像朋友一样友好亲密。

对孩子的平等姿态是良好沟通的开始，他将女儿们描述理想的作文保留下来，将女儿们的学习成绩、身高等按逐年变化绘制成曲线图，从小就教她们唱歌、游泳、划船，带她们到博物馆参观、看展览、看歌剧，有空还带她们到大自然中去呼吸新鲜空气……

在各种活动中，他不会因为自己是家长就不容置疑，摆出什么都对、什么都懂的样子，而是尽量去做能给予孩子知识和欢乐的最知心、最亲密、最可信赖的朋友。遇到比如搬家、换工作、买车之类的事情时，他就会召开家庭会议，与妻子一起和女儿们商量该怎么做；他还组织家庭音乐会，并将每个女儿唱的歌录制在磁带中。由于家庭气氛民主和谐，女孩们生活得无忧无虑。

这样，女孩们有事就会跟爸爸妈妈讲，从不在心里放着，出门说"再见"，进门先打招呼，做饭当帮手，饭后洗碗擦桌扫地；平时买菜、洗菜，给父母盛饭、端汤、拿报纸、捶背；有时父母批评过了头，她们也不会当面顶撞，而是过后再解释。

乔治常对孩子讲："我们是父女，也是朋友，我和妈妈有义务培养教育你们，也应该得到你们的帮助，你们长大了，会发现我们有很多的不足之处，发现我们很多地方不如你们，这是正常的。因此，我们要像朋友一样互相谅解，互相帮助。"

在这个英国家庭中，不管是家长，还是孩子，都是平等的，孩子们提出的看法，爸爸妈妈都认真考虑，有道理的就接受；而爸爸妈妈的想法也都和孩子讲，共同商讨。这样，就让孩子觉得自己在家里有地位，受重视，所以也就对家庭更加关心。

如果每一位爸爸都能像这样和孩子平等相处，也许就没有那么多亲子矛盾了。

父母与孩子之间，不应是统治与被统治的关系，而应像朋友一样平等、自由。当然，这并不意味着家长要完全迁就孩子，好爸爸还是要负起引导的责任的。

其实，增进父女关系，发挥父爱积极影响力的窍门很简单，那就是蹲下来。

蹲下来，不仅能拉近和女儿的空间距离，还能拉近和女儿的心理距离；

蹲下去，你才能看到女儿眼中的世界是什么样的，才能真正走进她的世界；

你轻轻地蹲下去，你和孩子之间的感情将跨进一大步。

适当降低宠溺，弱化女儿对父亲的依赖

亲情是一种血肉相连的情感，是一笔超越时空的财富。

这种爱，是情不自禁的；这种关心，是无微不至的。然而，在你关爱孩子的同时，要让孩子学会在这种爱之下成长。

灵灵3岁了，自从她出生之后，妈妈对灵灵的生活照顾比对爸爸都多。

但这一年来，爸爸开始跟灵灵接近，灵灵也开始习惯了和爸爸在一起的感觉。爸爸给灵灵梳的小辫子可漂亮了，最重要的是爸爸每次都可以想出千奇百怪的花样和灵灵玩。每次爸爸抚摸灵灵的小脸蛋，灵灵都会满脸通红的幸福地看着爸爸。

爸爸一有空就带灵灵出去玩，出去的时候，灵灵想要买什么，爸爸就买给她什么。妈妈责怪爸爸说："你这样会把灵灵惯坏的。别人家的孩子也不是想要什么就给买什么的。"

每次妈妈这么说，灵灵都冲妈妈嚷嚷，总之在灵灵心里，爸爸是对自己最好的人。

当女孩到了3岁左右，认知能力和独立性都有较大提高，这时的女孩变得会撒娇，愿意与爸爸亲近，让爸爸抱。女孩对父亲的依赖，主要是感受到了浓浓的"父爱"。父亲在儿童早期心理发展上，起独特作用的角色，他是拆散母婴结合体的建设性分裂者，鼓励并支持了儿童的独立和自由，有利于女孩个性的发展。

但事实上，如果家人对女孩对父亲的依赖引导不好，将不利于孩子的发展，她的一生都可能受到影响。即，可能会出现恋父情结。

事实上，每一个女孩在心理向成熟发展的过程中，都会经历恋父阶段，每一个人的心理成熟，从出生开始，都要经历自恋、恋父（母）、倾慕异性（所有）、爱固定一个异性，这样一个发展过程。所以，恋父是很正常的一件事。

但如果恋父情结过于严重，女孩将无法突破心理发展的恋父阶段，导致心理依赖上始终无法与父亲完成分离，不但会使女孩与母亲的关系日渐疏远，而且与同龄男性的正常交往乃至婚恋，都会出现严重问题。

恋父情结严重的女孩，潜意识中总是在寻找像父亲一样的恋人，但即使找到了，也无法好好相处，因为恋父情结往往来自父亲无界限的宠溺，这导致她们性格大多娇气、任性、蛮横，并且自理能力差，这对男人的包容性显然是一种极大的考验。

所以，为了女儿真正的成长，爸爸们请适当降低你的宠溺。

教养的秘密

父母真正成功的爱，就是让孩子尽早作为一个独立的个体，从你的生命中分离出去。

这种分离越早，你就越成功。

有些爸爸，总是担心女儿受到伤害，于是极尽所能将其庇护在羽翼下。可女儿终究有自己的人生，爸爸纵有万般不舍，也要接受分离，让孩子去创造自己的人生。

CHAPTER 03

贯穿始终的家庭仪式感，

最终会为你的女孩成长加冕

仪式感，其实是父母对于教养子女的一种态度。

教育孩子无小事，带着仪式感去做，就能帮助孩子对抗生活中的消极因素。

仪式感的力量，在于塑造，而不是灌输，通过父母周而复始的良好影响，使孩子逐渐形成对生活的正确理解。这是成功养育的关键。

培养大家闺秀，从良好的家庭环境开始

女儿是一个家庭中最娇美的花朵。当她们年幼时，那细嫩的肌肤、柔软的头发，还有身上散发着的那股淡淡的奶香味儿，都令当父母的看不厌，疼不够。女儿的一切表现，都是他们眼中的最好。然而，可爱的小女孩儿终归是要长大的，她们要走出家门，奔向更为广阔的天地，接受众多的目光的审视。这时候，她早年的家庭教养，将在她身上打下深深的烙印。人们一眼看上去，大致就能从她的言行、气质中，分辨出她来自一个怎么样的家庭，所受的家教如何。

著名节目主持人王小丫，出身于一个知识分子家庭，父母除了送给她一个既通俗又雅致的名字外，更以严格而又自由的家教，培养了她清新自然、落落大方的气质。长期以来，在争妍斗奇的女主持人当中，王小丫一直保持着自己独特的魅力，在观众当中，不论男女老少，都那么有人缘儿。一个女孩儿气质的打造，听起来很抽象，很空泛，让人有些摸不着边际。其实，我们完全可以通过具体的环境和习惯，给予她们良好的熏陶，潜移默化，一点点地造就她们的举止风范。

首先，家庭环境对于培养女孩良好的气质，塑造美好的心灵等方面有着不可忽视的作用。

目前，虽然我国大多数家庭的住房普遍不宽敞，但室内是否显得宽敞，并不完全取决于住房面积的大小。同样面积的住房，安排得井井有条，可以显得宽敞；若被杂乱的家具、花哨的点缀、散乱的杂物挤占，就会给人一种透不过气来的感觉。

儿童心理工作者曾提醒父母：家庭空间的局促狭窄，可能导致孩子心理上产生一种压抑感。而且，花哨杂乱的摆设还会引起孩子心情浮躁，所以，宁可少购置家具物品，少摆设一些装饰品，尽量给孩子多留出一些活动空间。

整洁有条理的环境会给人以美感，会使孩子感到心情愉快，同时还有利于他们从小养成文明的举止和良好的习惯。相反，污浊杂乱的环境，不仅使得孩子心情烦躁、抑郁，更严重的是，容易让孩子养成松懈、懒散的不良习惯。因此，家长应当特别注意室内的整洁，东西放置要有条理，哪怕是厨房里的锅碗瓢盆，都应该摆放得井井有条。

父母在营建自己的家庭时，在考虑自己的爱好、需要的同时，也不要忘记考虑家庭物化环境是否有利于孩子身心的健康成长。

比硬环境更为重要的，是一个家庭中文明礼貌的软环境。有些家庭的父母互相指责谩骂的行为习以为常，甚至批评孩子时也是满口的脏话、损话。家庭是孩子的一个温馨的港湾，而不洁净的语言，往往导致港湾里的水变得异常浑浊，从而损害了孩子的心灵。"近朱者赤，近墨者黑。"孩子生活在不洁净的语言环境中，必然会染上出口成"脏"的习惯，长大后再改就很困难了。

在街头巷尾，我们常常可以看到一些外表上美丽时尚的女孩，一张嘴，却时常有些与其身份不符的粗话冒出。这样的女孩，我们很难相信她早年受过良好的家教。

其次，我们要注意，女孩从小过一种有节律的生活，对于她们的成长有着不可替代的影响力。家长要根据幼儿的生理特点，制定合理的生活规划，使之生活条理化。我们给孩子在一定的时间里安排一定的内容，日子久了，孩子就会产生一种"条件反射"。比如每天都在12时30分吃午饭，孩子快到12时30分时就会感到肚子饿，消化器官也随之开始分泌消化液，吃饭时孩子就会感到饭菜可口，食欲很好。睡眠也是一样，如果一个女孩儿坚持每天晚上9点钟上床睡觉，早晨6点钟起床，有节律的生活，首先可以使她有一种积极向上的精神风貌，然后还可以影响她成年后的生活方式，让她很自然地就会选择一种健康的、有规律的生活，远离一些因生活无节制而带来的不良习气。

8至12岁是女孩良好习惯的形成期，一个在良好的环境、有规律的生活中长大的女孩，积极的家庭影响，会自然而然地在她身上显现出来，表现出一种清新健康的气质。这对于她今后的生活道路，将奠定一种良好的基础。

教养的秘密

在生活中，人们常常会评论说某个女孩子是"好人家的女孩"，这句话很简单，含义却非常丰富，这代表着一个女孩儿气质好，有规矩，可以信赖。

这样的女孩，走到哪儿都是广受欢迎的。为了使自己的女儿也拥有一种良好的气质风范，做家长的，可以从生活环境和习惯开始，培养有教养的好女孩。

陪在孩子身边，就是最好的家庭仪式感

教育孩子最重要的事情是，父母要和孩子生活在一起。

现代社会的节奏逐渐加快，一些父母忙于事业而无暇照顾孩子，有时候一周也抽不出一天的时间来陪伴孩子。这对女孩的心理成长是很不利的。

倘若女孩在幼年时期无法得到父母应有的陪伴，就会在孤独的世界里悲伤地成长，这样的孩子，内心是非常孤独和脆弱的，一经生活骤变，肯定要出问题。

曾在戒毒所里见到一个很漂亮的女孩子，叫张明明，大概十六七岁的样子。这么一个青春靓丽的女孩，本应该坐在明亮的教室里读书学习，而现在却被强制戒毒。张明明有着严重的自闭倾向，她话特别少，即使遇到熟人也从不打招呼。她唯一敞开心扉的时候就是在网络上，以至于后来受到不良诱导染上毒瘾而无法自拔。

张明明回忆童年时说，她出生没多久，父母就去了广州打工，一年只能见上一次，她和父母一点都不亲。而爷爷奶奶都有些重男轻女，虽然对她不曾虐待，但也没有多少疼爱。从小，张明明就觉得很孤单，她的恐惧和委屈都无处诉说，这使她渐渐迷上了网络……

女孩的遭遇令人痛心。幼年时期的孤独往往会在孩子内心留下浓重的阴影，甚至毁掉他们的一生。

对孩子来说，最好的爱是陪伴。亲情缺失的孩子很容易陷入孤独，他们茫然行走于自己的世界中，渐渐地，就会变得自闭和忧郁。

波兰著名电影导演基耶斯洛夫斯基回顾自己的童年时说："人的一生很大程度上取决于童年吃早饭时拍你手的那个人，即你的父亲、你的祖母或你的曾祖父。还有你的家庭背景，这一点很重要。4岁时，因你吃早饭时淘气而打你的那个人，后来会把第一本书放在你的床头柜上，或者在圣诞节时送给你，而这些书塑造了我们，它们教给我一些东西，使我对一些事情有些敏感。我所读的书，特别是童年读的，塑造了今天的我。"

显然，童年经历对于一个人的发展具有不可估量的作用。

想想我们做父母的，一天有多少时间给了孩子？试问一些问题："今天你和孩子聊天了吗？你今天陪孩子读书了吗？晚上陪孩子吃晚饭了吗？和孩子一起解决学习问题了吗？你关注孩子的学习和生活了吗？你观察到您的孩子今天是快乐的呢还是郁闷的呢？您的孩子喜欢和您无话不谈吗？您有多长时间没有拥抱和鼓励您的孩子了呢？"这些问题，想必很多父母都无法回答也没有做到吧。

看看我们都在做什么？"爸爸加班，不能陪你去游乐园了。""今天爸爸妈妈要参加一个聚会，闺女你去吃麦当劳吧。""女儿，今天你去爷爷家吧，爸爸妈妈要去出差了。"

——每天，作为父母的我们总是疲于奔命，忙于工作，忙于应酬，忙于自己的娱乐，而每次的借口好像为了孩子，为了孩子物质生活更加充裕。长久以来，父母一直自我安慰：一切都是为了孩子才去这么拼命，等挣足了钱再来陪孩子吧。父母的确很辛苦，但是孩子的成长不会等到我们有钱了才长大。我们要挤出时间来陪孩子，不要等孩子出现了问题，才回忆起有好长时间没有陪孩子吃饭了，好长时间没有和孩子玩耍了，好长时间没有和孩子聊聊天了。为了陪孩子，我们要尽可能取消一些应酬，多抽时间陪陪孩子。

有些东西失去了就不会再回来了，孩子不是产品，不合格再重新生产回炉，孩子不是雕塑品，随随便便的由我们家长把不喜欢的部分刻掉。孩子的好习惯是日积月累的结果。和孩子在一起，是父母的责任，更是幸福！爸爸妈妈们，请尽量多抽出一些时间来陪陪孩子吧！你会发现原来你的孩子潜力无穷，你会明白孩子多么需要你，你会懂得没有什么比得上一家人暖烘烘地吃一顿晚饭那么温馨，你会顿悟什么叫生活每一个明天都不是重复昨天。

客观地说，现在的父母确实辛苦，养孩子对我们来说简直成了一件奢侈事，怕孩子输在起跑线上，甚至要倾注两代人的心血和金钱。所以只有不停地努力，希望孩子能够接受更好的教育。而我们却忘记了，对孩子最好的教育就是爱和陪伴。

教养的秘密

对于女儿，往往，我们只关注了她物质上的需求，事实上，对于孩子而言，最大的关爱不是物质的满足，而是心灵的陪伴。

所以，爱孩子，就和她在一起，常常表达你对她的爱。造就一个孩子，影响一个人的生命，这是身为父母最有价值的事情！

让家温暖和谐，精心呵护女孩的精神世界

一个家庭里，如果父母经常吵架，那么孩子的心理问题往往比离异家庭中的孩子还要多。

让孩子生活得有安全感，是为人父母最起码的责任。大人不要认为感情只是两个人的事，便毫不顾忌地相互攻击、谩骂，这对孩子心理造成的负面影响将终生难以弥补。

有一对夫妻，脾气不和，三观不统一，于是家庭中战火不熄，经常在饭桌上当着女儿的面吵得面红耳赤，吓得孩子吃不下饭。有时候，孩子睡到半夜就听到隔壁妈妈在骂爸爸："我瞎了眼了我，当初怎么就看上你这么个混蛋，要不是为了孩子，姑奶奶早就跟你这个不要脸的离婚了！"随即就是砸东西的声音。每当这个时候，女孩总是把头蒙在被子里，枕头都不知道被她的泪水打湿了多少次。

就这样，孩子吃不好，睡不好，白天总是无精打采的，上课犯困，放学吓得不敢回家，她非常不想听到爸爸妈妈吵架的声音。终于有一天，孩子实在受不了了，竟然离家出走了。

父母关系不和谐，实际是家长对孩子实施的一种精神虐待。

孩子年龄小，并不能完全理解父母为什么争吵，他们只会从自我的角度认为，自己是引起父母吵架的根源，从而形成一种深重的罪孽感和内疚感。同时，他们又担心父母大吵大闹的

结果是抛弃自己，因而产生强烈的、难以名状的恐惧感。这种负面情感，对孩子会造成很深的精神创伤，严重的还会造成心理障碍。

王微还很年轻的时候，就已经察觉到老公在外面有了别的女人，当时，她几乎都要崩溃了。令人未曾想到的是，她竟然把这件事强忍了下来，她的理由就是，"为了女儿"。为了孩子，她选择自己欺骗自己，就当这件事没有发生过，或者说就当自己没有发现过，继续维持着家庭的生活。但是，她毕竟是个有血有肉的人，长期生活在这样不幸的婚姻当中，压力、空虚和心理上的不平衡不断地冲击着她，当心理的承受能力达到极限时，她就会拿无辜的孩子来撒气，再到后来，甚至一想到这些事情，就乱骂、乱打孩子。无辜的小女孩，常常就莫名其妙地遭了殃。而且，她还时常当着孩子的面，用恶毒的语言讽刺、咒骂、攻击她的丈夫。长期生活在这样的家庭环境下，最后，女孩的精神世界也跟着崩溃了。

现在，她上了年纪，女儿也已经长大了。但是，可怜的孩子也变"坏"了，她感觉不到爱，也学不会宽容和爱，她的世界观、价值观、道德观都偏离了正确的轨道，说话和做事的方式非常极端偏激。家里的亲朋好友也曾尝试和孩子去沟通，可怜的孩子，她给出的答案是："在这样一个没有温暖的家庭，谁管过我的感受？他们两个人三天一小吵，五天一大吵，谁真正用心关心过我？甚至还拿我当出气筒！他们之间出了问题，难道我就必须要受罪吗？他们生我出来，难道就是用来撒气的吗？亲生父母都这样，我对这个世界失望了。我只不过是为了自己而活着。"

看到女儿的状况，她终于清醒过来，认识到并能够真正去面对自己的错误了。可是，在她愿意放下自己心里面的固执，愿意去办离婚时，当初那个乖巧懂事的女儿却无论如何也回不来了，她不肯原谅自己的父母。她很想去补救，可是孩子根本不给他们机会，她对他们已经绝望了。可怜的王微，在痛苦中生活了这么多年，已近黄昏，幡然醒悟，可是，又是否能够享受到儿孙承欢膝下的天伦之乐呢？

不成熟的、不恰当的婚姻冲突处理，极易给孩子造成无法挽回的伤害。且问争吵不休的父母们，你们在发泄自己怒火的同时，是否想过孩子内心的恐慌不安？

别以为孩子还小，什么都不懂，他们其实非常敏感，能够敏锐地察觉到父母婚姻关系、家庭氛围的变化。在父母争吵声中成长起来的孩子，内心早已千疮百孔，他们的性格由此变得敏感、脆弱和消极。长大之后，他们也会对人际关系、婚姻关系心生畏惧，缺乏经营亲密关系的信心和热情。

孩子不仅需要父母的爱，也需要父母相爱以及一个和谐的家庭环境，保持家庭稳定，减少冲突，是保证孩子身心健康发展的必要，也是培养孩子情感专注力必不可少的条件。

如果可以，希望天下的父母们都能相敬互爱，而且要公开地让孩子看到这种深厚感情。如果孩子能够感受到父母的相亲相爱，我们就无须更多地向他解释什么是友爱和亲善了。父母的真实情感流入了孩子的心田，将帮助他在将来的各种关系中发现真挚的感情。

退一步说，夫妻间如果有矛盾需要解决，也应该充分考虑孩子的心理感受，尽量控制情绪，不要随意发泄。如果非吵不可，也应避开孩子换个环境，或让孩子暂时离开。

甚至，我们还可以让孩子参与进来讨论，听听他是怎么说的，不管孩子说得对与错，都不要争得面红耳赤。

有些父母喜欢在争吵时说："要不是为了孩子，早就跟你离婚了。"这话如果让孩子听到，他就会误认为父母的争吵是因为自己引起的，会因此产生内疚。所以矛盾面前，我们一定要就事论事，千万不要把孩子牵扯进来。

教养的秘密

使一个孩子内心温暖，最基础的，最先决的条件，就是爸爸妈妈感情和睦。

所有优秀的教育的前提，别无其他，一定是在家里，爸爸爱妈妈，妈妈也爱爸爸。

即使事出有因，婚姻失败，我们也要学会不抱怨、不仇视，给予孩子正面的引导和更多温暖的陪伴，尽可能减少婚姻不幸带给孩子的伤害。

给孩子一片蓝天，支持女孩的自主发展

为了了解女孩的成就和她们所处的空间的关系，我们先来听一段有趣的故事。

美国一家公司在纽约总部办公室的门口，摆放着一个漂亮

的鱼缸。鱼缸里十几条产自热带的杂交鱼开心地嬉戏着，它们长约三寸，脊背一片红色，长得很是漂亮。两年过去了，小鱼们的"个头"似乎没有什么变化，依旧三寸来长，在小小的鱼缸里游刃有余地游来游去。

这一天，董事长夫人带着七岁的女儿来找丈夫，女孩看到这些长相奇特的小鱼很是好奇，于是，兴奋地试图抓出一条来。慌乱中，鱼缸被她从桌子上碰了下来。鱼缸里的水瞬间四处横流，十几条热带鱼可怜巴巴地趴在地上。办公室里的工作人员急忙把它们捡起来，临时放进了院子里的喷水池中。

过了两个月，一个新的鱼缸被抬了回来。人们纷纷跑到喷水池中捞那些漂亮的小鱼。十几条鱼都被捞了起来，但令他们非常惊讶的是，仅仅两个月的时间，那些鱼竟然都由三寸来长疯长到了一尺！这是为什么呢？

主要的原因就是喷水池要比鱼缸大得多，小鱼们得到了更适合生长的环境。

其实，对于孩子的教育也是这样，孩子的成长需要自由的空间，要想孩子成长得更快、更好，就一定要给她活动的自由，而不要将她们禁锢于一个小小的"鱼缸"里。

说到给孩子提供更大的空间，更好的环境，有些家长也许会以为：谁不知道请名师、上名校甚至出国留学可以给孩子打下更好地成长基础，但是这也要看家庭条件，我们心有余而力不足，又能如何呢？

其实，我们说要给孩子更大的发展空间，不仅仅包括一些硬件环境，更包括了家长对孩子兴趣的支持，对孩子以后发展目标的期许，以及创造孩子与周围人的互动机会，等等。在每个普通的家庭里，一样可以给孩子提供一个大的空间。

给女孩更大的发展空间，不仅仅包括一些硬件环境，更包括了家长对女孩兴趣的支持，对女孩以后发展目标的期许，以及创造女孩与周围人的互动机会等。

中国儿童网的 CIO（首席信息官）宋司宇的父亲宋铁军，对于孩子的成长史记忆犹新：

孩子懂事后，对有按钮的东西特别感兴趣，像功能复杂的录像机遥控器，我们大人都弄不清每一个键是干什么的，他能。但儿子喜欢按钮的爱好终于也给宋铁军带来了大麻烦：一天，父子俩在商店里逛，宋司宇看到一台打字机，自然又对那些横七竖八的按钮产生了兴趣，那是 1992 年，他才 3 岁，不会用省略句，很费劲地对老宋说："爸爸给我买个打字机。"

当时老宋在国家机关工作，每月工资才 220 元，只好连哄带骗地把儿子搪塞过去了。老宋当时盘算，自己两口子反正是无房户，孩子住在岳父母家里，一个星期才能见上一回面，怎么着也能把这事给绕过去。不料宋司宇的记忆力好得惊人，每次见面都缠着老宋问打字机的下落。看到儿子这么执着，老宋决定无论如何也要给他买一台。

当年还没有国产打字机，一种是巴西产的，售价 800 多元，另一种是南斯拉夫产的，售价 700 多元。看着商场里让人心惊肉跳的价格标签，老宋捏着存折的手直出汗，但还是咬咬牙把打字机搬了回来。

后来老宋为满足儿子的兴趣又为他购买了电脑，宋司宇由此开始爱上电脑。宋司宇 8 岁开始做程序，做数据库，单位的电脑出问题爸爸就打电话问他，他肯定能解决。为了儿子，老宋不断地为他买书，买软件，越来越专业，这方面的花销几乎是占家里开销的大头。后来，儿子对知识的渴求越来越高，老宋又想办法联系上了中科院软件所系统公司，每周四下午放学后，准时送儿子跟几个工程师学习。老宋表示，儿子的理想是成为中国的比尔·盖茨，我做父亲的就要为他创造条件，进行创新投资。

老宋投资的结果，就有了后来我们看到的"中国儿童网"，当年12岁的小学生宋司宇是该网站的CIO，而老宋也以投资者的身份当上了CEO。老宋一直认为，父亲的天职就是"给孩子创造一个无限自由的空间"。

给孩子创造无限自由的空间，不是将孩子弃之不管，随便他想干什么就干什么，而是最大限度尊重他成长的天性。

这里想说的是，无论女孩男孩，每一个孩子都是在父母的关爱和扶持中长大的，父母给他们一片大河，他们才能更好地学习游泳；父母给他们一片蓝天，他们才能更好地学习飞翔。我们可以这么说，孩子的未来是在父母的手里展开的。

教养的秘密

没有哪个父母会嫉妒自己的孩子，我们都期望孩子们将来的成就超过自己。

那么父母们要做的，就是尽力为他们创造一个适宜于孩子发展的大环境，让他们自由地成长。我们不能保证自己的孩子出生于最富有的家庭，但是可以保证他们成长于营养最丰富的土壤。

保持教育同步，切不可"一管一护"

《红楼梦》"不肖种种大承笞挞"一回中，贾政为了教育宝玉，决定对其实施"笞挞"，听到消息的王夫人急忙赶来阻拦，威胁道："既要勒死他，快拿绳子来勒死我，再勒死他。"这样的情景即使在今天也不少见，中国的父母在教育方式上自古便存在分歧，常是一个要管，另一个则要护，而这种教养方式埋下的隐患也随之诞生。

朋友的女儿今年 9 岁，由于平时朋友夫妇工作繁忙，无暇照顾她，就将孩子送到了省城最好的封闭学校小学部上学。这个女孩也着实不让父母省心，根本在学校里就待不住，常常装病让老师给爸妈打电话，今天说脑袋疼，明天又是肚子疼，偏偏孩子的妈妈特别宠着她，只要孩子一说不舒服，就不顾一切地从几十里外的县城赶过来，结果来了之后才发现孩子根本什么事也没有。朋友因此生了不少气，可每次想训诫一下孩子时，做母亲的就不顾一切地上前阻拦，于是每次的教育都不了了之。这女孩也算把母亲看透了，于是不管白天还是晚上，一次次地往家打电话。

前几天，朋友夫妇刚刚看完新闻联播，又接到了女儿的电话，说她胃疼，做母亲的又急了，就要披星戴月的赶去省城，硬生生地被朋友给拦了下来，孩子母亲便开始痛哭流涕。

后来，还是托省城的朋友把孩子接了过去，孩子妈妈才安静下来。

还有一位朋友，他的女儿从小学四年级开始就管不了了。这个小女孩长得好看，又聪明伶俐，可就是不爱写作业。每次爸爸刚说孩子两句，妈妈就已经泪儿腮边挂，气得爸爸直摇头叹息。也是因为不能完成作业，老师将孩子的妈妈叫到了学校，刚刚在她面前批评孩子两句，这位妈妈又抽泣起来，这样几次之后，吓得老师再也不敢叫家长了。

所以，这个女孩的坏毛病越演越烈。现在，她在家里已经无法无天了，天老大，接下来就是她了。前些日子，朋友自嘲似的拿来孩子的家庭作业给大家展示，皱皱巴巴的本子上寥寥写了几道题，高兴就戳上几个字，不高兴的地方就空着，然后在每篇作业的下端，是她妈妈潇洒地检查作业之后的签名，老师对此也无可奈何。一个原本聪明可爱的女孩，就这样成为让人头疼的问题生．

人，从小就具有自我保护的本能，懂得"趋利避害"。当孩子犯了错，父母中一方责罚他们时，孩子会本能地寻求庇护。此时如果另一方站出来跟爱人"唱对台戏"，恰恰中了孩子的下怀。久而久之，孩子就会形成惯性思维——总会有人来帮我，即便我做错了。父母对待孩子的立场分歧，容易让他们变得遇事就依赖别人，喜欢逃避，甚至养成回避性人格。

事实上，不少父母都在这个节骨眼上犯了错误。譬如，妈妈在教育或责备时，爸爸站出来替孩子说话；或者是在爸爸责备孩子时，妈妈站出来替儿子鸣不平。这样的例子在生活中还有很多很多。譬如：

女儿吃了晚饭坐在电视机前不肯起身，妈妈便催促孩子去做功课："不要再看电视了，该去做功课了。做完了好睡觉。"

女儿不起身："我看完再去！"

妈妈坚持说："看完这个节目，就很晚了，还能做什么功课！快去，听话！"

女儿正在犹豫，这时，爸爸却在一旁调和："让她看完算了！"孩子当然也就不起身了。结果功课也就不要做了。

在花钱上也常出现这种不一致的现象。女儿跟妈妈要钱买新运动鞋，妈妈认为旧的没有破，可以穿，不必买，因而不给钱。女儿又去找爸爸，爸爸经不起她的软磨硬泡便给了。这是两个常见的例子，夫妻虽然没有争吵，但是给孩子的不良影响却是一样的。这使爸爸（或妈妈）在孩子的心目中没有了威信，孩子有了倚仗，可以不听爸爸（或妈妈）的话，助长了孩子的任性和娇气。而且，这样会使得孩子无所适从，更重要的是助长了孩子不听话的表现。因为既然爸爸认为妈妈责备得不对，或者反过来，妈妈认为爸爸的责备是不对的，那么孩子当然可以不必听了，因而孩子的错误或不良习惯也就得不到纠正，而且会对父母的意见和责备都置若罔闻。

有时，孩子还会利用父母的意见分歧来操纵父母，他们甚至可能用挑拨离间来脱身。比方说，爸爸对女儿的功课要求非常严格，但妈妈觉得丈夫给了孩子太多压力。想象一下这个场景：

做功课时，女儿说她"英语很烂"，并抱怨老师教得不好。这时爸爸批评她，要求她端正态度，认真学习，提高英语成绩。孩子没有理会而是去找妈妈帮忙。这时妈妈跳了出来，说："你还想她怎样，她已经做得不错了！"爸爸反驳："如果她做得好，就不该抱怨老师，她应该有更好的成绩。"现在矛盾转移了——爸爸妈妈开始针锋相对。妈妈立马回应："是你对她的要求太高了，所以她才会这样，你过分严厉了，对她太苛刻了！"

而这个时候，孩子却躲一边看电视或玩手机去了，而不是在做她应该做的功课。这种情况就是焦点摆错了地方。孩子惹出争论以后，她开始逃避应守的纪律，而且没有被追究责任。此外，夫妻针锋相对造成的紧张感，往往会导致孩子更加冲动。如果父母更专注互相争斗而忽略了让孩子为自己的行为负责，那么他们是不会进步的。

所以在教育孩子时，爸爸妈妈一定要达成一致，任何一方在教育孩子时，另一方都不应该出面袒护，即使爸爸或妈妈责备得不对，也不要当着孩子的面纠正，甚至是争吵。这样既会损害对方在孩子心目中的威信，使对方日后无法再对孩子进行教育，也会伤害母女或父女的感情。

那么在具体问题上出现不同的看法，爸爸妈妈应该怎样处理呢？正确的方法应该是在一方责备孩子之后，在孩子不在面前的时候，另一方再提出自己的看法，与对方讨论，以取得一致的看法，避免日后重蹈覆辙。

在适当的情况下，做父母的也可以一个唱红脸一个唱白脸，在批评过后，其中一个假装出面为孩子求情，给孩子一个台阶，既让孩子知道父母的严厉，也让他知道父母对他的宽容，这样，孩子才不会在犯了错误之后，因为父母一方的偏袒而对自己的缺点死不悔改。

当然，孩子毕竟是孩子，总是在不断犯错、不断改正中慢慢懂事、慢慢长大，所以做父母的应该有足够的耐心和宽容，让孩子在成长的道路上，在曲折的旅途中，在父母严中有爱的陪伴下，步入他人生中的一个个成功的旅程。

当你看到爱人教育的方式不对时，不要当着女儿的面指责对方教育的不是。

即使你明知道对方这样做是错误的，也不要当面驳斥。避免在女儿面前指出对方错误和揭对方的短，这样能更好地保护另一方的教育威信，而不会让女儿理直气壮"闹革命"。

别让爱失控，给予女孩生命最初的尊重

没有爱就没有真正的教育，没有尊重就谈不到真正的爱。

尊重孩子，是爱孩子的基础表现，也是爱孩子的真正内涵。脱离了尊重的爱，它不全面，甚至可以说是一种狭隘的爱。你对孩子尊重与否，都影响着她的心智的发展。

那堂语文课，一个学习成绩在班级垫底的女孩举起了手，要求回答老师的问题，可当老师叫到她时，她却根本回答不上来。

老师感到很诧异，但并没有指责她。后来找到机会，老师悄悄问女孩，那天为什么明明不会，还要举手？女孩哭着说：
"老师，别人都会，如果我不举手，会被他们笑话的。"

老师听了这话，心中一颤，她感受到了学生那颗强烈的自尊心。于是，老师告诉女孩："以后老师提问，如果你会，就举左手，不会，就举右手。上其他老师的课也是一样。"

然后，这位老师对其他科目老师说明了女孩的情况。

以后上课时，老师们只要看到女孩举起左手，就尽量给她机会，让她回答问题；看到她举右手，就不叫她了。一段时间以后，这个女孩子变得自信、开朗许多，学习也有了明显进步。

于是，老师又悄悄将这个方法用到班里另外几个差生身上，结果，整个班级的成绩都提上来了。

中国有句老话："伤树不伤皮，伤人不伤心。"女孩子的自尊心是极为稚嫩的，她们极其渴望被尊重，你给予了孩子尊重，她就会回馈你的期望。而如果你不尊重她，那么对孩子的伤害将是非常大的。

林莹莹非常喜欢唱歌，可以说在幼儿园里就是个"小歌星"，这一点就连老师也非常佩服。也正因为如此，她结识了几个同样爱唱歌的小伙伴，甚至还成立了一个舞蹈组合！不过，因为几个人走得太近，他们几个人之间不免出现了小摩擦。一怒之下，林莹莹把一个小朋友的鼻子弄流血了。

妈妈接到老师的电话后，急忙赶到了幼儿园。看着有些委屈的孩子，妈妈当着老师、小朋友和其他家长的面，大声骂道："臭丫头，这才多大就学会打人了！"要不是其他人拦着，她甚至还要打林莹莹几下。

　　林莹莹躲在一旁，气愤地没有说话。从这以后，她下意识地躲着妈妈走。爸爸不明白其中的缘由，于是问道："莹莹，你这几天怎么了？以前你不是和妈妈最好吗，怎么现在不和她说话了？"

　　林莹莹叉着腰，一脸怒气地说："谁让她当着那么多人的面骂我！我再也不喜欢她了！"

　　莹莹妈妈一定没想到，自己看似没什么问题的批评，反而激起了女儿的反抗意识，同时也深深地伤了林莹莹的自尊心！妈妈一定不会知道，林莹莹有这样一番心里话："妈妈为什么这么对我，要在那么多人的面前批评我？我以后该怎么再见其他小朋友呢？"

　　很多家长总以为，孩子还那么小，怎么可能要面子？但事实上，其实孩子有时候甚至比大人更要自尊，因为她们总是觉得自己长大了，觉得要在其他小朋友面前塑造出一副坚强和成熟的形象！但父母的一番公开训斥，无异于扒光了自己的衣裳，这让自己怎么能不生气呢？

　　其实，每个人都有被别人尊重的需求，不要以为孩子年龄小就不需要被尊重，实际上，孩子都有很强的自尊心，而女孩的自尊心则更加敏感。教育学家早已告诉我们，伤害孩子的自尊心，是教育孩子的大忌。因为不尊重孩子不仅会使父母与孩子的关系疏远，还会使孩子的尊严扫地，很难再以正常的心态去面对人与事，去面对自己的人生。

　　李璐，虚岁三十有五，颜值突出，她不是不想结婚，只是她始终无法像个"正常人"那样爱别人。

　　李璐即便和父母的关系都很糟糕，虽说不在一个城市生活，但驾车来往也就两个小时，可李璐只在中秋和春节回家与父母小聚，次次不欢而散。

李璐成了"齐天大剩"，最焦虑的不是李璐，而是李璐妈妈。有一次，李璐妈谎称自己生病把李璐诓回家，就为了让她相亲，对方比她大13岁，离异，带着一儿一女。

还有一次，李璐妈来公司找她，两人在大厦门口遇见公司的领导，李璐妈自来熟似的请求对方多关注一下李璐的终身大事，弄得李璐和领导都无比的尴尬。

"我妈现在恨不得我下一秒就能嫁出去，条件不高，只要对方是个男的。"说这些时，李璐一声长叹，泪水在眼窝里打转。

从高考专业选择到工作选择，从交朋友到谈恋爱，李璐妈似乎对李璐所有的选择都不满意，都要插手管一管，李璐稍有反驳，就会被指责，诸如不听话、不孝顺、没出息、你看隔壁王美丽一类的话，早已成了李璐妈的口头禅。

父母过多的干涉与指责，是在向孩子表明，他们做得不够好，孩子由此对自己形成负面评价。这样的孩子自信心偏低，即使犯了轻微错误，他们也会惶恐不安，并苛责自己做得不够完美。

李璐说，对于这些，她早已习以为常，麻木无感，其实她最刻骨铭心的痛，来自五岁的时候。

五岁时的李璐，某一天因为贪喝饮料，一不小心尿了床。妈妈并没有开解她、安抚她，哪怕开个逗她开心的小玩笑也没有，而是很大声地指责她："别人家孩子两三岁就不尿床了，你都多大了？用不用我给你买一箱尿不湿啊？！"

妈妈刺耳的话让小李璐羞愧难当，乃至于当天夜里她一直不敢入睡，生怕"大错"重演，后来实在抵不住困意，才挣扎入梦，在梦里，她又一次尿床了，结果，梦境成真。

妈妈十分恼火，认为她是故意的，便将她"画了地图"的褥子挂在院子中，展示给来来往往的邻居看，李璐的脸红得仿佛能滴出血来，她再也不想见人了。

从此以后，李璐再也没能逃出尿床的那片阴影。她不敢过集体生活，所以原本可以报考 211 的她，顶着母亲撕心裂肺的咒骂声，报考了当地的一所普通大学，只为不用住宿；她也不敢住单位的职工宿舍，不敢谈恋爱，只因为害怕自己某一天一不小心又尿床了……

有颜有才的她，原本可以拥有幸福美好的一生，却尽毁于此。

李璐说，面对这样的母亲，虽然自己内心也遭受伦理的谴责，但始终无法从心底真正的敬爱她，她和母亲的关系，更像是义务和责任。

现在你应该知道了吧，为什么有些父母言辞凿凿为孩子操碎了心，却始终无法得到孩子的心。

那些不懂得尊重孩子的父母，往往也是难以被孩子真正尊重的，这也许正是世界对他们的惩罚。

当父母以爱为名，对子女施以控制、强迫、折辱等精神暴力时，孩子与父母之间难以弥补的隔阂就形成了，而且，孩子一生的痛苦也许就从此开始了。

尊重别人，才能让别人尊重自己，这句话同样适用于亲子教育。

纪伯伦在《先知》一书中曾对家长们竭力呐喊：

"你的儿女，其实不是你的儿女；你可以给予他们的是你的爱，却不是你的想法，因为他们有自己的思想；你可以庇护的是他们的身体，却不是他们的灵魂，因为他们的灵魂属于明天。"

是的，我们的女儿，她首先是一个独立的个体，然后才是我们的孩子。她拥有自己的人格，拥有自尊、被尊重的需求，如果她的基本情感需求无法得到满足，她就难以和别人建立健康的情感关系。所以恳请各位手持"爱之权杖"的家长，千万不要随心所欲滥用职权，因为这个权利一旦使用不得当，将会把孩子一生的快乐与幸福埋葬。

贫穷，其实不会真正限制孩子的成长，但来自父母师长的精神虐待，一定会促成一个问题儿童。

你对孩子的尊重，其实就是尊重他生命的完整性。

为了给我们的女孩健康的爱，真心希望各位家长能够发自内心地做到以下几点：

第一，不要对孩子持有偏见！

很多家长都不自觉地对孩子形成了一种带有偏见的认知，尤其是对那些以前"公认"的"坏孩子"。那么请各位家长换位思考一下，如果亲人对你持有偏见，你的情感世界该有多么挣扎？

偏见，会极其严重地刺伤女孩的自尊，给女孩造成极其严重的自卑心理，让孩子感到自己处处不如别人，被父母乃至被所有人嫌弃，她们的内心是非常无助、焦虑而且绝望的。

更糟的是，有些家长一旦发现孩子在年幼时有不好表现，便断言："这孩子别指望她有出息了！"与错误的失望情绪随之而来的，就是他们对孩子的爱骤然降温，从此，孩子随时都能够领教父母的责骂与轻视。其结果，肉体施暴，伤及皮肉；心灵施暴，损毁自信。受伤的皮肉很快就会康复，受伤的心灵却可能一辈子也难以愈合。

第二，不要让别人家的孩子泛滥成灾！

有调查表明，在国内，有近三分之二的家长喜欢夸奖别人的孩子。这样做动机可能是好的：有的是为了刺激孩子，让他为自己感到羞耻；有的是为了激励自己的孩子进步……当然，也有人纯属是向孩子发牢骚，嫌自己的孩子不争气。无论何种情况，只要家长的比较包含着对自己孩子的贬抑，都是对孩子自尊的一种伤害。

拿别人的优点来与孩子的弱点比较，是一种消极的比较法，只能在孩子心里播下自卑的种子。家长越比较，他就越会感到自己是个"无用的人"，从而陷入"自我无价值感"的深渊，产生对什么都不感兴趣、破罐子破摔的心理。

竞争是重大压力的来源之一，它会打击人的信心，使本来已有的能力无从发挥。因此，自小便培养孩子与人相比的想法是很不健康的，结果往往是孩子变得更脆弱更经不起挫折和失败。我们要注意的是培养孩子克服挫折和失败的勇气，而不是使其成为竞争的牺牲品。

第三，不要当众批评孩子。

想要摧毁一个女孩的自尊，非常简单，只要当众毫不留情地批评她就可以了。

网上看到一件令人心痛的事，一位家长不知出于什么心理，也许是为了显摆自己严于律子。总是拍批评女儿的视频，并发到家长群里去，让老师和家长们跟着点评。

这直接导致孩子排斥去学校，不愿意和同学们交往，甚至一见到熟人就尴尬躲闪，这位家长不但没有达到教育孩子的目的，还对孩子造成了极大的伤害，使她无地自容，在人前抬不起头来。

另外，在亲朋好友聚会时，有的人喜欢对主人的孩子夸奖几句。这通常是一种客套。可有的家长为了表示谦虚，在听到赞美时总爱说："唉，我这个孩子……很不让人省心！"如果孩子没有这些毛病，为了谦虚，家长这样说就不对，即使孩子真有这些缺点，也不应向外人张扬。

女孩往往比男孩懂事早，到了一定年龄，她们就知道自己的缺点，她们有很强烈的羞耻心。自己的缺点家人知道没什么，但说与外人知道，面子上就会觉得过不去。所以，我们在与外人交谈时，谈到自己的女儿绝不要揭短。因为父母无意间向外人讲自己孩子的缺点，无异于向第三者说她并非是一个好孩子，极不利于对孩子的教育和孩子的健康成长。相反地，作为父母对孩子的点滴进步要时刻加以肯定。譬如在外人赞美自己的女儿时，父母可以说："是的，我的孩子最近进步很大！"这样孩子觉得光彩，同时也会更加奋发向上。

最后，再奉劝大家一句：

你有一千种方法可以轻易毁掉孩子的自尊心，但自尊心的重建却一定会让你费尽心力，教育不容易，且行且珍惜。

教养的秘密

得不到别人的尊重的人，往往有着最强烈的自尊心。

如果一个孩子的自尊心过分强烈，她在成长过程中可能会因此做出错误选择，因此遭遇更多挫折。

每一位父母都应该注意自己的言行，给予孩子应有的尊重，这会让孩子充满自信，更加阳光，也能形成更健康的自尊观念。

将关心适当收敛，尊重女孩的隐私权

隐私，是每个人藏在心里，不愿意告诉他人的秘密。我们每个人都会有自己的隐私，孩子也不例外。随着孩子年龄的增长，他们的生活领域、知识、情感都逐渐丰富起来，自我意识、自尊意识也在不断增强，原先无所顾忌敞开的心扉也会随之渐渐关闭起来。但是，很多父母却没有意识到他们的孩子正在长大，需要有一方属于自己的小天地了。

唐雅是一名初中一年级的女生，一天放学回家后，看到妈妈正在自己屋里收拾房间。她看到自己书桌的抽屉全部敞开着，自己的日记本、同学们送的生日礼物及贺卡等全都堆在桌子上。

唐雅非常生气地问妈妈："您为什么翻我的抽屉，随便动我的东西？"

其实，妈妈倒也不是有意识地要查验女儿的东西，她只是觉得女儿有些小零碎放得太乱了，趁擦地板的工夫，替她归拢一下。现在听女儿这么说，妈妈就急了："怎么了？当妈妈的看看女儿的东西还有错吗？"

"可是你应该经过我的允许才能看啊！"唐雅很愤怒地回答妈妈。

"小孩子有什么允许不允许的，别忘了我是你妈妈，好了，快吃饭吧！"妈妈毫不在乎地对唐雅说。

第二天，唐雅用自己的零用钱买了把小锁，把所有的东西统统地锁在抽屉里。

如今的父母们，受现代文明的浸润，很少有翻看孩子日记、偷听孩子电话的事儿了，但是对孩子的"隐私空间"依然认识得不够清楚。

其实，孩子到了一定年龄后会强烈感觉到自己的独立性，想拥有自己的隐私，也渴望被尊重。小学阶段的女孩，感情已经变得非常细腻，内心也敏感起来，在家里，就渴望拥有一方不受侵犯的小天地。她们会细心地把一些诸如文具、故事书、小饰物、日记、卡片等收藏起来，即使里面并没有什么不可告人的秘密，她们也不希望被家长翻动。平日里换衣服洗澡，甚至梳头照镜子，她们也不希望有人在一旁打量，即使那个人是妈妈也不行。对于这一点，妈妈应当充分地给予理解，这是女儿自我意识的觉醒，代表着她们已经长大了。

父母可以回忆一下，我们自己不也是从那个年代过来的吗？那时的思想是："我属于我自己，你没必要知道我的一切；

我正在发现我自己，我不需要你监视着我，看我如何发现自我。"对于自己的日记或者一些信件卡片等，女孩会认为"并不是那里面有不好的东西，但这是我个人的，只有我自己有资格看。"

女孩回避父母的东西，并不一定就是不好的，能使她们误入歧途的，而父母为了了解孩子而偷看孩子的隐私，往往会得不偿失。事实证明，这种做法会伤害孩子的自尊心，造成孩子沉重的精神压力，甚至使孩子产生敌意和反抗。孩子会因为自己的隐私受到侵犯而采取更极端的措施将其保护起来，把自己的心扉紧紧锁闭，导致父母与孩子关系的恶化。这样，父母想了解孩子就变得更加困难了。

陈晴的性格变得越来越古怪，小暴脾气说来就来，日常跟妈妈说话不出三句就吵架，妈妈不知怎的就成了陈晴最大的敌人。陈晴爸爸觉得女儿的情绪变化太危险，连忙带她去看心理医生，在心理医生的循循善诱之下，陈晴终于道出了心中的结症，原来导致陈晴变成这样的，正是她的妈妈！

陈晴在上初中以后，妈妈就变得有些神经质，想方设法监视孩子的一切，甚至在陈晴的房间安装了摄像头。更过分的是，陈晴妈妈还像私家侦探一样，费尽心机调查和陈晴关系良好的所有的异性同学、朋友，干涉陈晴正常交友。有时候，陈晴只是放学晚到家几分钟，妈妈就会立刻神经紧绷，仔细盘问，喋喋不休。

妈妈的出格行为给陈晴造成了巨大的心理压力，也彻底摧毁了陈晴的安全感和信任感，使得她的性格逐渐扭曲，变成了一个敏感而暴躁的女孩。

父母以爱为名，毫无界限感地侵犯孩子的隐私，势必会使孩子对父母产生抵触情绪，他们原本把父母当成自己最信任、最依赖的人，而父母侵犯隐私的举动会让他们感到，这个世界不再值得信任了……

被侵犯隐私的孩子往往都会出现或多或少的性格变异，他们对父母大失所望，因而变得缺少依靠感，没有安全感，他们的内心会变得越来越消极。

如果父母担心孩子偏离自己的视线之后，难以掌握她的成长信息，那么，也不一定非贴身地盯住不放。我们可以选择在他们放学或晚饭后、一家人出外散步时的轻松时光，与孩子一起讨论理想、事业、道德、人生观、价值观等问题，可以通过讲故事、举例子等途径对孩子加以引导，引导孩子自己悟出为人处世的真理，提高孩子按规范要求调整自己行为的能力。有了这种自我教育能力，一些隐私中的危险倾向，都有可能自我解决。

高明的父母一定懂得给孩子保留独立的空间，尊重孩子的隐私权，这既能维护亲子关系的融洽，也能让孩子在更有安全感的环境中长大，使孩子成为一个身心健康的人。

教养的秘密

父母虽然有监护孩子的权利，但孩子首先是一个独立的个体。

父母的责任在于保护孩子的安全，并引导他们朝着正确的方向发展，而不是侵权式的事事调查，事事干涉。

明确边界，才能保证教养的和谐。

让你的爱，时刻在女孩心中呈现

孩子们需要爱，尽管每个人都需要爱，但是孩子更需要。

这就像一棵新生的树苗比一棵长大了的树更需要阳光和水分一样。孩子得到爱，才能去爱别人；得到爱，才能去爱生活。正如蒙台索利所说："没有爱，一切都是枉费。"

有一个女孩儿，她的性格忧郁、孤僻，在别人面前总是沉默寡言，于是，母亲领着女儿去看心理医生。心理医生告诉这位母亲，也许是她的含蓄、内向的表达方式影响了孩子，试着对孩子说"我爱你"可能会有所改变。

这位母亲半信半疑，又觉得"我爱你"三个字说不出口，于是，找了个机会，在孩子面前说了句："孩子，你别看妈妈没说过什么，其实，妈妈是很爱你的。"

想不到孩子听完后愣住了，眼睛里闪着泪花，半晌说出一句话："我从来不知道你爱我，我还以为你根本不爱我呢！"

如果孩子感受不到父母的爱，那无疑是父母最大的失败。

父母的温暖、值得依赖的反应，会给女孩安全感，使她更敢于探索，更敢于走出家庭，走向社会，她会更自立，建立更好的生活圈。很多研究都表明，感受到被爱的孩子，有更好的社交能力，工作学习起来也更有热情。所以父母们完全有理由，有意识地表达你对孩子的爱，让孩子沐浴在爱的阳光中。

有一位年轻的母亲鉴于自己曾深受性格内向、不善表达之苦，下决心在孩子的身上扭转这一局面。女儿出生不久，她就经常抱着孩子对她说"我爱你"。到孩子一岁多时，她常和孩子做一种"亲子游戏"，她问孩子："爸爸妈妈最爱谁？"孩子会习惯性地回答："宝宝。"她再问："宝宝最爱谁？"孩子则快乐地回答："爸爸妈妈。"

这个孩子很小就受到爱的熏陶，出外就知道爱护比她更小的幼儿。孩子两岁多时，说过一句话："大家都喜欢我。"这让母亲觉得很欣慰，因为这正是她通过各种努力希望孩子明白的事情。

孩子上了幼儿园，有个别家长经常找老师"套近乎"，给老师送礼，要求关照孩子。但她从不这样做，因为她知道一个对自己有信心，同时对别人充满爱心的孩子，完全可以凭着自己的表现赢得老师的喜爱。元旦来临了，孩子想给班上的老师寄张贺卡，却不知该写些什么。她先问清楚孩子想对老师说的话，然后帮孩子写上："老师，我爱你。"老师收到贺卡后，很是感动，自然也更喜欢这个孩子了。学期结束时，在这个孩子的《成长纪念册》上，老师对她的评价是："你通情达理，聪明好学，积极进取，表现欲强。特别是你有着美好的情感世界，对每个小朋友都很友善。你是我们班小朋友的骄傲。"

一个女孩如果对自己得到的爱感到满足，她的心中就会充满种种美好的感情，不必任何说教，她就能自然融入周围的世界，获得别人的喜爱。

那么，我们如何才能让自己的孩子感受到温暖的、源源不断的爱呢？

为人父母，对孩子要慈爱有加，让孩子在情感上有足够的温暖和归属感；要求孩子时要严格却不能严厉、凶恶；当孩子受了委屈、挫折、冷落的时候，要引导孩子乐观通达，让孩子感到如果用好的心态面对现实，现实就不会那么糟糕。总之，让孩子感到人生是一件让人开心的事情，感受幸福，学会快乐，是教育中再重要不过的事情。

《男人来自火星，女人来自金星》一书的作者，心理学博士约翰·格雷，养育了三个可爱的女儿。他认为，孩子通过期待爱来感觉到被爱。要创造一些充满爱意的习惯，让孩子感觉到他们的价值以及与父母双方之间的独特联系。这些习惯无需花很多时间，只需要承认它们是独特的，然后就要一遍遍地重复。

他和妻子与女儿劳伦之间有一个特别的习惯：穿过森林走到城里，然后休息，在当地的书店吃一块玛德琳饼干。在劳伦很小的时候，就把她放在婴儿车里，在她长大一点之后，就步行或者骑自行车。整个活动大约要 25 分钟。来回各 10 分钟，5 分钟吃饼干并摸摸当地的狗。

当劳伦十几岁的时候，依然清晰地记得这些早期的童年经历，以及和父母之间充满爱意的联系。约翰·格雷认为："很多成年人不记得儿童时代的爱和欢乐，这是一个巨大的损失。能够记住被爱、被支持的感觉，会在以后的日子里给予我们深深的安全感。"

对于一个女孩子，她童年时所获得的幸福与满足基本上都是从爱中得来。

作为父母，必须告诉孩子"我爱你"，告诉她，无论她做错了什么事，无论她的成绩好坏，无论别人是否看得起她，父母永远都爱她，她永远是父母最珍爱的宝贝。

那么，孩子就有了面对人生旅途上的失败和磨难的勇气和自信。因为她知道，哪怕全世界的人都不喜欢她，都不接受她，至少，还有父母爱她，还有一个温暖的家永远在等待着她的归来。

相反，孩子如果认为父母不喜欢自己，就很容易得出"我不讨人喜欢""没有人爱我"的片面结论，从而影响其性格的健康发育，甚至会影响其一生的幸福。

所有人的成长都离不开爱与被爱。

所以从女儿出生时起，我们就要让她感受到父母的爱，教会她体验爱，从而让她逐渐学会付出爱，这是孩子立足于社会的根本。

如果你以往忽略了这一点，那么请你向孩子多传达一点爱吧。

CHAPTER 04

所谓富养女，

应该是让孩子的精神层面得到完美升级

"富养女孩"的核心不是金钱。

所谓的富养，不光指用财富打造女儿，不仅仅指物质方面的富足，它还需要父母付出自己的精力，即精神方面的付出，这是比财富更重要的东西，是"富养"的真正精髓所在。因为这样，即使是普通人家的女孩，也可以享受"富养"的精神理念。

从爱美之心开始，培养女孩的审美能力

爱美之心，人皆有之。但要使一个人真正地懂得美和丑并能进行美的创造，却又离不开系统的审美教育。

而作为家长，你是怎样对待孩子"爱美之心"的呢？

有人欣喜地赞美它，因为身为女性面对生活，最重要的不是要做到多强，而是要懂得生活的情趣；有人漠视它，认为在现代社会，人人都要通过自身实力，才能争得一席之地；有人视其为洪水猛兽，刻意打击，认为只有这样，才能避免女孩因爱美而贪慕虚荣。

以上的观点，都有道理，也都有些偏颇。

首先我们要明白，女孩子的爱美之心，那是她们的天性，本身并没有什么不妥，如果引导得当，甚至可以成为使她们走向一条美好的道路的最佳动力。

有一对夫妇，由于忙于打工挣钱，很长一段时间里，这对夫妇忽视了对自己七八岁小女孩的照顾和教育，使得其性格无规则发展，粗野、刁蛮、脏话连篇、不讲究卫生……有时候，甚至还会张嘴骂人、动手打人；撒泼时，在地上打滚。夫妇两个人的心里真是非常着急，他们苦恼万分又束手无策。

这一切，让一位退休女教师看在了眼里。

一天，退休教师出人意料地送给小女孩一条洁白的连衣裙——那是一条很美丽的裙子，小女孩十分喜欢。但是退休女教师没有很"爽快"地把裙子送给小女孩，而是谈了给裙子的条件。

退休女教师问小女孩："你喜欢这条裙子吗？"小女孩点点头。女教师又说："把它送给你，要吗？"小女孩又点点头。退休女教师说："送给你可以，但你必须答应我不能把它弄脏、弄破。我相信你一定会好好爱惜它的，是吗？"

就这样，退休女教师用一条美丽的裙子，彻底改变了一个性格粗野、行为刁蛮、不讲究卫生、动不动就在地上打滚撒泼的小女孩。

对于美的向往，可以点亮孩子内心深处的那盏灯，使一个小女孩变得更加美丽也更加可爱。做父母的责任，是引导她们认识什么是美，应该怎么看待美。

一个刚满8岁的小女孩看到妈妈正在镜子前化妆，她便跑到妈妈面前说："妈妈，你也给我化化妆吧！"

看着女儿期待的眼神，妈妈知道，自己的回答将对女儿产生很大的影响，她想了想这样回答女儿道："宝贝，你是最美的，你不需要化妆了。妈妈每天都要见很多客户，化点淡妆是对客户的尊重。"

这位妈妈是聪明的，她用"化点淡妆是对客户的尊重"来回答女孩，向女儿传达了一种这样的思想：化妆是美的，但化妆也是要分场合的，要分年龄，分环境的。这样，既否定了小女孩也要"化妆"的要求，又不会粗暴地破坏了她对于美的感受。

我们要培养阳光的、大气的女孩子，也可以从她们的"爱美之心"开始。我们可以把女孩子从最容易感受的衣裳之美、容貌之美的小视角里召唤出来，指引她们领略更大更多更广阔的自然之美、社会之美和艺术之美。

自然美，广泛地呈现于大自然之中。让孩子领略到黄河之水天上来的汹涌澎湃的壮美，观赏到拥有奇松、怪石、温泉、云海的黄山的奇美，徜徉于秀美的西子湖畔，漫步于柔美的桂林山水，能不升腾起崇拜自然、热爱祖国的情感吗？让孩子来到春风吹绿的江南农村，清澈的河水，美丽的田野，能不感到赏心悦目、情意绵绵吗？让孩子面对着千里冰封万里雪飘的北国风光，银蛇逶迤，蜡象奔驰，红装素裹之日，能不心旷神怡，豪情满怀吗？

社会美，含蓄地蕴藏于人们的言行之中。奥运会上，中华健儿奋力拼搏，不管是登上领奖台的还是空手而归的，如流的汗水难道不显露出殷殷的赤子之心吗？一位孩子身患绝症，数以百千计的孩子们纷纷捐款，能不让局外人也真心感动吗？

艺术美，生动地洋溢于千姿百态的作品之中。从传统国画到人体艺术，从唐诗宋词到乡村音乐，门类各异，美的本质相同，都可以使我们思想和精神升华到一个新的境界。

爱因斯坦曾经说过："照亮我的道路，并且不断地给我新的勇气去愉快地正视生活的理想，是善、美和真。"接受过各种美的洗礼的孩子，心灵将更加丰富，更加纯净，也将会向外界传递出更加多的美的信息。

—— 教养的秘密 ——

美感教育就是培养个人欣赏外在世界的种种，让自己与外界间达到调和。

它是一种直接而立即的经验，注重的是直觉和灵感，而非推理和逻辑。有时候教育上的一些经验，很难用语言、逻辑、推理解释清楚，必须借助美感教育，让孩子亲自去欣赏、揣摩，才能领会。

纠正而不强制，引导女孩的审美品位

正如前文所言，父母对女孩进行审美教育尤其重要。这是因为，她们正处于长身体、求知识的基础阶段。美育得好坏优劣也将会同智育和德育、体育一样，影响着女孩的未来发展。

值得注意的是，在现实生活中，在引导女孩子树立正确审美观方面，态度、方法不正确的父母并不在少数。

王女士的女儿今年7岁，长相随妈妈，是个名副其实的小美女。对美的追求更是不输妈妈，每天上学前都要为梳什么样的头发和穿哪件衣服而费神费力，对妈妈的高跟美鞋也是觊觎良久，没事偷偷穿上学着电视里明星的样子在客厅里摆姿势，还常常摆弄梳妆台上的各种彩妆往脸上涂，把自己搞得像个花旦。

今年冬天，小姑娘突然每天起床非裙子不穿。她顽固地认为裙子是世界上最美的服装，别的无异于垃圾。任王女士怎么跟她讲道理她都毫不妥协。她用惊天动地的号叫逼迫王女士就范，每天早上起码有40分钟时间纠缠在这个问题上。

妈妈虽不想干涉女儿的审美趣味，若是夏天这不成问题，春秋也会让步。可天寒地冻怎么能穿裙子？实在没有办法，最后只好启动"紧急状态法"，抽她屁股："你这小妖精！这么大点儿就臭美，长大了还不变成个狐狸精！再嚷着要穿裙子我就把你从窗口扔出去！"

小姑娘立即安静了，狂风暴雨之后，妈妈又辅之以耐心细致的思想工作，谆谆教诲的基本思想就是：一个女孩子从小就把注意力集中于外在的修饰上，长大后就会成为花瓶，甚至是坏女人。小姑娘好像隐约听懂了，也可能是暴力和恐吓的作用，总之她再也不提裙子的事了。甚至到了夏天该穿裙子的时候，她也拒绝穿裙子。而且从那以后，王女士给女儿买了无数条漂亮的裙子，但却再也没有看到她欣喜的笑容。

爱美是女孩子的天性，但爸爸的严厉体罚、妈妈的思想教育，却无一不让孩子的头脑中产生了这样一种错误的观念：穿裙子的小姑娘将来必然会变成坏女人。

谁说爱打扮就一定要变坏？谁说爱美就不能成才？父母们也许不会想到，这一次错误的审美教育，很可能就此阻断了女孩成为时装设计师、模特儿、美容专家或者演员的可能。

所以，当你的小公主也表现出强烈的爱美倾向时，父母必须以客观的态度，细心观察孩子的内在需求和个性特质。只有父母更理解孩子、尊重孩子，用爱来包容孩子，才能让孩子成长为一个人格健全、乐观快乐、积极向上的阳光女孩。

从心理学角度来说，从审美敏感期开始，女孩子的一生都会一直处在一种对美丽的探索之中。所以，在这个探索的初期，如果父母经常粗暴地干涉、阻止、限制，女孩的审美发展就会停滞，并遭到破坏；如果父母对女孩的审美观进行正确的指导、引导、鼓励，孩子就极有可能成长为一位审美能力极高的美丽女孩。

我们必须给予女儿正确的审美引导：

一个人审美能力的高低很能体现一个人的气质高低。气质高雅的人，审美能力也会很高，她知道自己穿什么衣服得体，戴什么首饰彰显个性；而气质偏低的人，往往不知道穿什么好，也不知道自己这身衣服搭配什么首饰。

在女儿追求美的过程中，她最初可能会模仿一些成年女性，笨拙地学着化妆、穿她认为流行时尚的衣服，可能会因为盲目追求美而导致出现一些低级的错误，父母千万不可讽刺和打击。父母的讽刺和打击不仅会降低女儿的自信，导致女儿心理自卑，还会抹杀她对美的追求，阻碍她审美观的形成。所以，当女儿产生错误的审美观时，我们要给她正确的引导。

我们还要学会转移女儿不正确的审美观：

在女孩成长和追求美丽的道路上，父母应该做好这个领航者，应该转移女孩不正确的审美视线。

审美品位的高低，最能反映人的气质。爸爸妈妈要通过自然与打扮、古代与现代的对比，来告诉女儿美丑标准。突出青春的自然美——真实、自然是美的灵魂，从古至今人们都在追求"清水出芙蓉，天然去雕饰"的自然之美。家长应该告诉女孩，美的魅力贵在整体美。整体美既要容貌气质衣着打扮达到均衡和谐统一，又要外在美和心灵美的合二为一。

对女孩进行审美教育，关键是要培养她对于美的认知。

在日常生活中，父母要抓住细节，让女孩拥有独立的、正确的美的知识、美的标准、美的观念，逐步扩大女孩审美的范围和视野，她们才会真正懂得这个世界的美与丑。

让女孩明白，金钱不是人生的终极目标

一位班主任想看看孩子们对未来有什么想法，于是她让同学们轮流发言，说说自己未来的理想是什么。班上的小同学们纷纷举手，都想第一时间说出自己的理想。

"我想当科学家！"

"我想当球星！"

"我想当明星！"

"我想……"

······

　　班上同学们的回答都很积极，这让老师非常高兴。可是，等到同学们都逐个发言完毕后，她却发现樊冰冰迟迟没有说话。于是她问道："樊冰冰，你怎么不说自己的理想是什么呢？"

　　这个时候，樊冰冰才慢慢悠悠地站了起来，说道："他们的那些理想都太不切实际了，什么科学家、球星的，根本都不现实！我没有什么特别的理想，我的理想就是嫁个有钱人！我希望将来自己有很多很多的钱！"

　　老师听到这里，不由愣住了片刻，而同学们更是笑成了一团。

　　樊冰冰看着同学们放肆的模样，不由生气地说："你们，你们笑什么笑！将来你们就会明白，现在我的选择才是对的！"

　　在樊冰冰的心里，除了钱之外，再没有其他的东西能够鼓励自己奋斗了。可以说，樊冰冰的这个样子，是典型的早熟，但是认知又不那么全面，因此便认定了钱是最终目标，所以才出现了这种情况。

　　其实，孩子错误的价值观念，往往都是父母造成了。

　　一个小笑话说：一位身穿毛皮衣服的妇女，推着坐在轮椅中的孩子招摇过市。"孩子都这么大了，还不会走吗？"行人关切地问道。"当然会了，"这位妈妈神气活现地说道，"但真的感谢上帝，我这个幸福的孩子不必自己走路。"

　　这则小笑话让人更多地感到悲哀而非好笑，给那些认为自己应该给孩子提供一种"无忧无虑"的生活的家长们传递了一种批评信息。有些父母时常会为自己娇惯子女的做法辩解说："我们只是想让孩子生活得幸福些。"但事实上，为孩子们做得太多，而不让孩子们懂得劳动的意义与金钱的价值，实际上对孩子的成长非常有害。假如父母只知道给孩子钱，而不去引导孩子的金钱观，不去引导孩子如何花钱，那问题就出来了。

前几年江苏省多名富家子女参加一个名叫"暑期赴加拿大学习旅行夏令营"的活动，在加拿大旅行活动近 20 天，有人赠送学生冰激凌吃，竟没有一个人愿意帮助把冰激凌搬上车。当时先后乘坐 8 天的巴士车，却无一人愿意打扫卫生。每天每人费用近 1500 元，竟然还有家长投诉："夏令营吃得很糟。"以致一名孩子在食品店让自己花掉 1700 美元。

这些触目惊心的数字是不是该让一些做父母的有所惊醒呢？这样的孩子如果长大了，将怎样养成吃苦耐劳的精神和拼搏进取的意志呢？又如何应对将来社会激烈复杂的竞争呢？如果一直让孩子奢华成性，而当他们的欲望得不到满足时，他们又会怎样呢？

家长们应该觉醒了，真正的"富养女儿"，其核心不是金钱！

所谓的富养，不光指用财富打造女儿，不仅仅指物质方面的富足，还需要父母付出自己的精力，即精神方面的付出，这是比财富更重要的东西，是"富养"的真正精髓所在。

"富"并不单单代表金钱的充裕、物质生活的绝对满足，它还意味着父母要赋予女孩子自信、自强等强大的意志力量；

父母要不断开阔女孩子的视野，丰富她自身的知识内涵；父母要赋予女孩子理性思考的能力、判断的能力，让她的眼光更高更远。

金钱有用，不等于万能。

教育专家警告父母，要让孩子铭记拿破仑·希尔的忠告，切勿因金钱而丧失自由，丧失人格，要建立完善的人格，才会享受到金钱的快乐。

因此，父母要告诉孩子，仅仅成为一个富人还不够，还要成为一个健康的人、快乐的人，一个享有完美人格的人。

带着你的女儿，一起去助人为乐

张新蕊对待工作积极认真，勤勤恳恳，在领导眼里，是个很不错的小姑娘。

然而，同事们可不这么想。

张新蕊刚到公司的时候，为了站稳脚跟，同事们有所求助，她总是能帮就帮，同事们没少夸她。可张新蕊心里其实并不高兴，她觉得，自己除了得到几句赞美之外，并没有得到什么实际好处，实在是太亏了。

于是等到职位转正，地位稳固以后，张新蕊开始斤斤计较起来。同事找她帮忙，她都要人家意思意思，嘴里还说："总不能让我白忙吧？"久而久之，同事们即使有事需要帮忙，也不找她了，甚至于一提到张新蕊，都会说："她这个人太现实了……"

渐渐地，张新蕊感觉到同事们都疏远她了。

在工作方面，她也没有了以往的热情，用她的话说："付出那么多干什么？我干得好干得差，工资都不会少我的。"

时间一长，张新蕊觉得工作越来越没有意思，自己再也没有想建功立业的追求了，变得越来越颓废。由于张新蕊的工作表现实在太糟糕了，在公司又没有人缘，几个月以后，张新蕊被公司解雇了。

成功学上有这样一条定律：要想取得成功，就必须有长远的眼光，不拘泥于小节之中。

而那些失败者往往都欠缺这一点，他们目光短浅，过于看重眼前利益，凡事都爱斤斤计较，不肯吃亏，给人留下了"自私自利，小家子气"的印象，无形之中便影响了人脉的发展，导致事业和生活的失败。

现在的孩子，物质条件优越，为了他们的智能培养，家长们也是不惜一切力量，千方百计使他们聪明起来。同时也教给了他自私，以自己为中心。孩子在智能、体能发展方面比较占优，但在个性品德方面却是个弱势。

一位儿童教育家说："只知索取，不知付出；只知爱己，不知爱人，是当前独生子女的通病。"他们只知道自己有接受关心和给予的需要，不知道别人也有被关心和给予的需求。由于缺少"帮助他人"的责任心和义务感，所以当他们一旦进入集体生活，在建立良好的人际关系方面就会遇到较大的困难。

当孩子的自主意识和自发行为还不那么完善的时候，父母应该以身作则，做一个好的引路人。

凯琳是一家律师事务所的合伙人，这样的职位在英国也算是高收入阶层了。凯琳的女儿在一所私立学校读二年级，是个很可爱的小女孩。

凯琳和她的女儿有一个约定，每周要到附近的一个老人公寓去帮助那里的老人修剪草坪。凯琳的邻居是一对来自中国的夫妇，他们觉得一个年收入50多万英镑的妈妈带着一个8岁的小女孩去给人家扫地、割草，并且还是免费的，怎么听着都让人不可理解。如果妈妈想满足孩子奉献爱心的欲望，可以花费一点儿钱找个工人来代替孩子去做就好了。孩子只需要在一边看着就行。

但是凯琳认为那完全不是一回事情，妈妈带着孩子一起去做点义工不仅是应该的，还是必需的。如果只是要捐助，那么就应当去找合适的机构。小女孩在妈妈的影响下，做事情也做得很起劲儿，她说："我必须要做这些事情，我妈妈说这一切都是在帮助别人，是每一个人应该去做的。"

也许你会觉得这个小女孩很可爱，可是自己的孩子，娇生惯养惯了，即使有心去引导他帮助别人，一时之间，也找不到什么太好的方法。

怎么办呢？

有些父母想到了物质奖励，即以某种条件来"引诱"孩子做好事，事实上这并不是一种明智的做法。

有一个女孩，爸爸妈妈让她承包家务，倒垃圾一个月给30元钱，洗碗一个月给50元钱。开始时，女孩的劳动积极性很高，干得也很好，可后来妈妈发现了不良的苗头：让她去楼下超市买东西，她提出要1元钱的跑腿费；让她帮大人递东西，她说自己没有承包，没义务。这个星期天，爸爸生病了，妈妈要去单位加班，嘱咐女孩在家帮爸爸做一些力所能及的事情，女孩竟然问妈妈，给她多少钱作为报酬。最后，女孩爸妈不得不废除了承包协议。

一味地给予物质奖励，会使孩子的欲望越来越大，沾染上自私自利和功利主义的毛病，养成斤斤计较、讨价还价的庸俗习气。此外他们会形成一种错误认识：所有的付出都应该得到金钱回报，因而不可能养成无私奉献的高尚品格。

基于上述弊端，父母要让孩子理解，帮助人与获取报酬的劳动是不同的。帮助人是为了给人快乐，不是为了获得报酬。教育孩子明白干家务是体谅、帮助父母，是家庭成员应尽的义务。

父母要明白，其实孩子未必真的贪钱，但我们不能助长孩子养成做任何事都要讲报酬的习惯，应该巧妙地和孩子说："原来钱比我更重要呀，我会很伤心的。"让孩子明白父母希望他诚心诚意地帮助，也让他明白父母对自己的期望，不要过分重视报酬。

总而言之，用物质来引导孩子，绝不是一个可取的长期对策。父母在激励孩子时，应该以精神奖励为主，比如：孩子做了好事，可在家人或亲友面前表扬他，使他产生荣誉感；年龄小一点的孩子还可以给他戴红花，贴红旗；还可以拥抱、亲吻、口头表扬他，或者发贺卡和奖状；如果孩子连续一段时间表现得好，可以带他去看电影、旅游或吃一顿他喜欢的饭，等等。

当然，最有效的教育，还是我们的言传身教。

星期天，爸爸带着小静去了住在郊区的奶奶家。黄昏的时候，父女俩出去散步，来到一座小桥边。这时候，一位老爷爷拉着一辆车子过来了，车子上装着满满的一车西瓜。过桥要先走一段上坡路，老爷爷使劲儿往上拉，身后的绳子绷得紧紧的，可还是一步一滑，怎么也上不来。

爸爸看见了，赶紧跑过去帮助老爷爷推车，小静也跟在后面，伸出两只胖乎乎的小手跟着推。人多力量大，车子终于爬上了桥。老爷爷一边擦汗一边连声道谢，还非要给小静一个大西瓜。爸爸说："您别客气，我们做这点儿小事算什么？"然后，父女俩高高兴兴地往回走。

小静的脸热得红扑扑的，可是心里美得不行，她说："爸爸，我也能帮助别人干活了！"爸爸偷偷地笑了。

在他们小时候，家里子女多，父母活儿忙，很少能有空闲时间教孩子们如何做人，可孩子们却在一幕幕温馨而又朴素的场景中，感受了相互关心、相互帮助的快乐，受到了最有成效的教育。

"送人玫瑰，手有余香"，家长们从自己做起，在日常生活中关心别人，帮助别人，自然会给孩子留下深刻的记忆。如果我们能让孩子多体验一下人们互相扶助的温暖与快乐，就会使她们的心灵得到最充足的养分，从而促进她们的健康成长。

让孩子学会助人为乐，需要从生活的细微处着手培养。

助人为乐不仅能够给有需要的人送去温暖，我们的孩子也能同时收获被人需要的快乐。

当她们长大以后，她们也会被更多的人需要，也会获得更多人的帮助。

潜移默化中，滋润出孩子的感恩之心

感恩，来自对人对事的宽容和理解，来自一种回报他人和社会的良好心态。

每一位做父母的，无不想把世上的好东西都送给孩子。他们宁愿自己辛苦，也要给孩子创造一个舒适的环境；宁愿自己节俭，也要让孩子吃好用好。然而这样做的结果是什么呢？在不经风雨的环境中长大的孩子，对于自己所得到的一切熟视无睹，认为生活本来就该如此，他们很少能够想到：父母为我付出了这么多，我真幸运！我要好好地回报他们。

孩子们感恩心理的缺失，和父母平日里的教导有很大的关系。生活中，家长们重视的是孩子的学习成绩和身体健康，而对于同情、分享、感恩等心理问题关注得不多。事实上，一个人是否懂得感恩，并不是可有可无的小事，即使在成年人的世界里，感恩的心，也足以使我们的生活发生一种奇妙的变化。

子涵是一家电脑公司的编程员，一次在工作中遇到一个难题，她的同事主动过来帮助她。同事一句提示的话使得她茅塞顿开，很快就完成了工作。子涵对同事表示了自己的感谢，并请这位同事喝咖啡，她说："我非常感谢你在编那个计算机程序上给我的帮助……"

从此，他们的关系变得更亲近了，每次见面都会心地一笑，心中充满一种平和持久的喜悦。

子涵很有感触地说："是一种感恩的心态改变了我的人生。我对周围人的点滴关怀和帮助都抱有强烈的感恩之情，我竭力要回报他们。结果，我不仅工作得更加愉快，所获得的帮助也更加多。"

感恩是一种宽容、满足、健康的心态。感恩，来自对人对事的宽容和理解，来自一种回报他人和社会的良好心态。拥有一颗感恩之心的人，会有一种心理上的满足，宽容大度，对小事不会斤斤计较，因此，也是一个幸福的人。

每个女孩长大后，都无可避免地要面对一个复杂的世界，而感恩却是人与人之间的一种感情纽带，可以帮助她们与别人建立起一种温馨和谐的关系。如果你希望自己的女儿能在未来的环境中获得更多的关爱，感受到更多的幸福，就必须给予她一颗感恩的心。

　　一位母亲是这样做的：感恩节那天，收到了很多朋友有关感恩的短信，我觉得自己应该对身边的人说些感恩的话。

　　回到家，我对先生说："谢谢你一直以来对我工作的支持和帮助。"

　　又对孩子的爷爷奶奶说："感谢你们帮助我们买菜做饭。"

　　随后我又对女儿说："感谢女儿给我带来这么多的快乐。"

　　大家虽然感到这种方式很新奇，但却都很高兴收到感谢的话语。

　　接着，我又问女儿："你感谢妈妈什么？"

　　她趴在我的耳边用悄悄话的方式说："谢谢妈妈给我洗衣服什么的。"

　　我接着启发女儿："是不是还应该对其他人说些感谢的话呢？"

　　女儿听了，赶紧跑到爸爸和爷爷奶奶身边，小声说："谢谢爸爸开车拉着我到处玩。谢谢爷爷和奶奶，你们每天接送我上下学很辛苦。"

　　"是不是还要感谢一下学校的老师呢？比如……"在我的启发下，女儿说出了一连串的感谢：

　　"感谢 X 老师带我跳舞。"

　　"感谢 Y 老师教我不会的题。"

　　"感谢 Z 老师给我讲故事。"

　　后来，妈妈在女儿的作文本里发现了这样一句话："这是一个很有意义的感恩节，我感觉自己真的很幸福。"

孩子懂得感恩，才会得到幸福。

孩子不懂感恩，她很难得到幸福！

曾听说过这样一件事，家乡有一位归国的老华侨，为了回馈祖国，想资助一些贫困学生。他在有关部门的帮助下，获得了一些有受捐需求的孩子的联系方式。

接下来，他做出了一个让人大跌眼镜的举动——他给每个孩子寄去一些学习用品，并留下了自己的详细联系方式。

大家对老华侨的做法十分不屑——果然有钱人的世界我们不懂，就捐点文具，还要留下联系方式，沽名钓誉不要这么明显好不好！

面对众人的不解和质疑，老人也不做解释，他每天都会翻看几次手机，或是浏览自己的电子邮箱，他似乎是在焦急地等待什么……

直到这年的中秋节，老人收到了快递来的一张节日贺卡，这是唯一与老人联系的孩子。老人看着贺卡，开心极了，当天就为这个孩子提供了第一笔可观的助学金，同时，毫不犹豫地放弃了那些沉默无声的孩子。

直到这时大家才明白，老人是在用自己特有的方式告诉那些孩子——"不懂得感恩的人，不值得帮助"。

也许有人会对此提出异议，不是说好的施恩不图报吗？

话是这么讲，但你有什么理由去道德绑架别人呢？

"施"是品德，"报"是人性，施恩即使图报，也算不得品德败坏，但忘恩负义，可就是没有人性了。

感恩之心，是心灵成长不可或缺的营养。

教会孩子懂得感恩，是父母不可推卸的责任！

教育女孩学会感恩，最好的方法就是引导她去体味他人的心情，然后自然地表达出自己的心情。

扬子刚收到姑妈送给她的一件包装好的礼物，她满心好奇，赶忙用力打开，想弄清楚里面装的是什么。

妈妈在一旁看着，问扬子说："当时你收到礼物，跟姑妈说了些什么？"

扬子有点不好意思，她说："我光顾着高兴，拿着礼物就跑到卧室里来了。"

妈妈说："哦，是这样。姑妈这么爱你，经常送你喜欢的礼物，我们给她打一个表示感谢的电话如何？如果她知道我们也惦记着她，一定会很高兴的。"

这种教育孩子要懂得感恩的方法，更具有长远的成效。妈妈不仅给了女儿更多感悟的时间，同时还引导女儿要多考虑他人的感受，让女孩明白"自己的感谢，会给对方带去快乐"。这样，让女孩从小就拥有一颗感恩之心，显然要比单纯地学会说"谢谢"更有益得多。

教养的秘密

对女孩来说，感恩应该是父母给她必须上好的一堂人生必修课。

我们应该让女儿懂得：她降临到这个世界上，每一步的成长和发展，都离不开父母的养育、师长的教诲、朋友的关爱、大自然慷慨的赐予。没有谁对她的帮助是理所当然的，她应该给予适当的回馈。

那么，无论将来她走得多远，那些对她好的人，依旧会温暖着她，照亮着她前行的路。

借助共情思考，激发女孩心中的真善美

同情是人类一种美好的感情，也是人际交往中应该具备的条件之一，人与人之间相互同情、相互关心，那么家庭就充满着温馨和关爱，社会就成为一个和谐的大集体。

培养女孩子的同情心，一方面可以使她学会关心别人，更好地融入社会，拥有更为和谐的人际关系；另一方面，对他人的同情，也可以充实自己的内心，使女孩子的感情更加丰富和细腻。

同情是在爱的基础上形成的，孩子的同情心尤其需要保护和培植。对于年龄幼小的女孩子，与其给她们讲一些大而无当的道理，倒不如从一些日常小事中，随时对她们加以点拨，唤醒她们心灵中美好的一面。

夏天的一个下午，乌云低垂，成群的蜻蜓飞舞，孩子们成群结队地拿着捕网追逐蜻蜓。不一会儿，琪琪家的纱窗上就落满了蜻蜓。

看到这些孩子辛辛苦苦捉来的"俘虏"，妈妈耐心地劝琪琪说："蜻蜓宝宝想家了，放它们一条生路吧，做个保护益虫的小卫士多好啊！"

琪琪马上拒绝："才不呢！好不容易捉到的，怎么能放掉呢？"

过了一会儿，妈妈又说："天黑了，要下雨啦，蜻蜓妈妈担心在河边玩耍的小蜻蜓，眼睛都哭肿了。我要是你呀，一定放它们回去。"

琪琪迟疑了一下，还是有些舍不得。

又过了一会儿，妈妈说："你出去玩儿，要记住早早回家。如果太晚回家，路上碰上坏人把你抓住，关起来，就像这些蜻蜓一样，多可怜啊！妈妈在家里也会非常着急。"说完，妈妈离开房间。

不一会儿，琪琪高兴地跑到妈妈身边，说："妈妈，我放走了全部的蜻蜓。"

所谓"人之初，性本善"，孩子们不健康的心理，往往都是受后天环境影响造成的，而父母的责任，就是引导他们向着良好的方向成长和发展。

在培养孩子同情心的过程中，父母应该有意识地培养孩子将一时的、个别的、短暂的同情行为转化为内在的、自觉化的品质。

这就要求父母做一个有心人，善于抓住各种教育契机，敏锐地捕捉孩子日常生活中经常发生的事情，如小朋友病了、摔倒了、没有玩具、心情不愉快等，这些都可以作为同情心教育的内容。

当然，这里最不能或缺的还是父母的以身作则。如果父母在生活中能够时时处处表达自己的善意，孩子就会在潜移默化中受到教育。

比如在邻居的家里，父母都很忙，照顾孩子的时间很少，有时孩子情绪不好，爱哭，这时，我们可以经常邀他（她）来家里玩，安慰他（她），搂搂他（她），这样不仅能让邻居孩子的情绪有所好转，也使自己的孩子受到感染。

我们还可以运用角色转换、移情等方法，引导孩子切身体验当自己处于他人的情境时的情感和愿望。

如，我们可以问孩子："如果你生病了，你希望别人怎么做？""如果你摔倒了，你希望别的小朋友怎样对你？""如果你不会做游戏或做得不好，你希望别的小朋友不理你、笑话你，还是帮助你？"等，从而让孩子更好地体验、理解别人的情感，知道自己在别人需要帮助时应该怎样做。

随着日常潜移默化的教育，孩子们就会慢慢地理解别人的感受，并随着年龄的增长而慢慢地形成自己的人格。

教养的秘密

人类最大的快乐是从关心别人的精神世界、从善于体察他人的不幸中产生，没有这种感受，就不可能有道德美。

我们务必要使自己的女孩对这个世界充满善意，不允许她对需要帮助的人和事熟视无睹，要培养我们的女孩，乐于助人不是为了沽名钓誉，而是出于爱的动机。

与孩子一起，以欣赏的眼光看世界

赞美，这既是一种很绝妙、很实用的说话技巧，也是增进人们之间情感的重要桥梁，父母若是能够教会女孩把赞语常常挂在嘴边，你就会发现，你家女孩的人缘简直好得不得了。

有一位喜欢满世界旅游的女士，她无论走到哪个国家，都会立刻结识很多朋友。

一个年轻女孩向她询问其中的秘密，她说："我每到一个国家，就立刻着手学习这个国家的语言，并且只学一句，那就是'美极了'或者是'漂亮'，就因为我会用各种不同的语言表达这个意思，因此我的朋友遍天下。"

末了，她又说了一句："这是我小的时候，妈妈教我的。"

是的，"美极了"的确是一个绝妙的词，可以对任何一个人用这个词，也可以用在一餐饭上，甚至一只猫、一只狗的身上。只要一个人的听觉没有失灵，当他听到这个词时，心情一定会快乐许多，不信，你可以让孩子试试。

学会赞美和欣赏别人对于提高女孩情商水平有很重要的作用。

赞美和欣赏都是一种积极的情绪。学会赞美和欣赏别人就是学会找出别人的优点，无形中使孩子看到了自己和别人的差距，这是一种潜在地激励自己的动力，有助于孩子的进步。

同时，由于孩子的赞美和欣赏，别人获得了鼓励，引起别人对孩子的好感，更愿意和孩子在一起，这就形成了一种无形的凝聚力。

而且，赞美别人的过程，其实也是孩子矫正自己的狭隘自私，从而培养女孩大家气度的过程。

对于孩子来说，赞美别人是对他人的一种肯定、一种理解、一种尊重；赞美别人，既是一种给予，又是一种沟通、一种祝福。我们应该让自己的女儿懂得，你付出了赞美，这非但不会损伤你的自尊，相反还将收获友谊与合作。

教孩子赞美别人，这里有一个前提条件——我们首先应该教会孩子欣赏别人。

圣诞节那天，正在读初中的许洋洋拿着一叠不久前收到的圣诞贺卡，打算在好朋友胡薇面前炫耀一番。谁知胡薇却拿出了比她多几倍的贺卡。

"你怎么有这么多朋友？我天，你是怎么做到的？"许洋洋惊奇地问。胡薇微微一笑，讲了一个故事：

一个暖洋洋的中午，我和爸爸在郊区公园散步。在那儿，我看见一个样子很滑稽的老太太。天气那么暖和，她却紧裹着一件厚厚的羊绒大衣，脖子上围着一条毛皮围巾，仿佛天上正下着鹅毛大雪似的。

我轻轻地拽了一下爸爸的胳膊说："爸，您看那位老太太的样子多可笑呀。"

当时爸爸的表情显得特别的严肃。他沉默了一会儿说：

"胡薇,我突然发现你缺少一种本领,你不会欣赏别人。这证明你在与别人的交往中缺少一份真诚和友善。"

爸爸接着说:"那位老人穿着大衣,围着围巾,也许是生病初愈,身体还不太舒服。但你看她的表情,她注视着树枝上一朵清香、漂亮的丁香花,表情是那么的生动,你不认为很可爱吗?她渴望春天,喜欢美好的大自然,这是多么美好的感情啊!"

爸爸领着我走到那位老人面前,微笑着说:"阿姨,您欣赏春天时的神情真的令人感动,您使春天变得更美好了!"

那位老人似乎很激动:"谢谢,谢谢你!"她说着,便从提包里取出一小袋甜饼递给了我:"你真漂亮……"

事后,爸爸对我说:"一定要学会真诚地欣赏别人,因为每个人都有值得我们欣赏的优点。当你这样做了,你就会获得很多的朋友。"

如果一个人只欣赏自己而发现不了别人的优点,看似孤立别人,实际上是孤立自己;看似提高了自己的身价,实际上是贬低了自己的人格。

不懂得欣赏别人的女孩,往往也得不到别人同样的反馈,失去了许多相互鼓励的机会;不会欣赏别人的女孩,感情上难以和他人拉近,无法获取他人的帮助和友情;不会欣赏别人的女孩,感受不到人间的真善美,心中容易被一些不良情绪所笼罩。

在我们的生活中,有阳光灿烂的一面,也有一些不愉快的阴影,而其中的关键在于一个人如何去认识它们。

有的父母在孩子教育上忽视了正面教育，言谈举止中会不知不觉地向孩子灌输一些消极的东西。如有人在工作中遇到一些不快，便把社会、人际关系看得一团糟，认为这也不如意，那也不顺心。用灰色的心理感染孩子，影响孩子，使本该感受到阳光和鲜花的孩子，幼稚的心灵慢慢地蒙上了阴影。在这种家庭环境中长大的孩子多半是性格内向、忧郁多疑、心胸不开阔之人。

要想让我们的孩子学会欣赏别人，父母首先要有阳光心态。注重从正面引导教育孩子，让孩子多看到生活中积极向上的事物，多看到别人的优点和成绩，多设身处地为他人考虑，以健康的心态看待周围的事物。

和很多品德一样，孩子欣赏、赞美别人的美德，是需要从小培养的。孩子在 3 岁以前，主要是在家庭中生活，因此家长就要注重孩子这方面的教育。

女孩要参加"我看交警"征文比赛，她对爸爸说："交警有什么好的，我在路上看到一个交警在推搡三轮车工人。"

爸爸知道孩子说的是事实，但这毕竟是个别现象。为了让孩子正确地认识交警，写出交警的闪光点，他在送女儿上学和放学的路上，有意识地引导她去观察身边的交警，让孩子看到，在炎炎烈日或风雨交加的天气，交警是如何坚守岗位，维护交通秩序的。

孩子很快完成了作文，在这个过程中，她受到了教育和启发，慢慢学会了以正确、客观的心态，宽容、善良地对待他人。

人性最深刻的原则，就是希望得到别人的尊重和赏识。

引导孩子学会赞美和欣赏别人，能够提高女孩的情商，使她们可以在交友中看到别人的长处，给予别人真挚的赞扬，并由此收获真正的友谊。同时，也会使她们懂得向别人学习，并借此增强自己的能力，减少与他人的差距。

教养的秘密

要创造美满的生活，健康、积极的态度是首要条件。

而如果一个女孩总是看到他人的缺点和社会的死角，她又怎么能够积极热情起来呢？

孩子的心灵需要阳光，做父母的，要引导她以健康的心态看待周围的一切。

CHAPTER 05

想培养真正的公主，

就要坚定不移地祛除她的公主病

普通人家养出公主病女孩，心气比天高，人生很糟糕。

世界的现实与残酷，轻而易举就会将她的那颗玻璃心击得粉碎。然而，追根究底，错不在女孩，因为在她需要对世界形成正确认知的时候，她的父母并没有向正确的道路上引领她。

如果"富养"，只让你的女孩学会了攀比与虚荣、学会傲娇与自负，而没有给予她真正能够决定人生幸福的价值观与硬实力，那么将来你一定会欠你的"公主"一句对不起。

别给自私机会，放纵它控制孩子

一个心中无爱的女孩，就像无法自由呼吸的鱼，脱离家庭的水箱，在无人给氧的社会上，她不懂得爱人，也必不招人爱，结果只会焦渴而死。

崔晓曦，一个聪明漂亮的小女孩，可是却"小气"得令同学发指，她从不肯与任何人分享自己的东西。有一次，同桌在课间休息时拿她的MP3听了一会儿，她竟然怒不可遏地将同桌的课本扔了一地。

这个孩子是怎么回事？她到底为什么会这样？

其实，崔晓曦的性格完全可以从她妈妈身上找到根源。

崔晓曦妈妈来自上海一个知识分子家庭，父母因为工作繁忙，很少去照顾她，尤其是崔晓曦姥姥，为了自己的发展，几乎月月都要出差，崔晓曦妈妈一年也见不到自己的母亲几次。这一家人，可以说都是在各人顾各人。

因为从小就养成了只顾自己的行为习惯，崔晓曦妈妈结婚以后也没能改变。她和丈夫有着界限分明的空间，她的书房别人不可以随便进，她的东西别人不可以随便碰，因为那些都是她的，只属于她的；她经常在钱上跟丈夫斤斤计较，尽管他们的收入挺高，但崔晓曦妈妈经常因为丈夫给婆婆一点儿生活费而发脾气，事实上，即便是跟自己的亲生父母，崔晓曦妈妈也是如此计较。但是，崔晓曦妈妈在给自己买东西时却毫不吝啬，昂贵的化妆品、名牌时装说买就买。崔晓曦爸爸开始很不习惯妻子的做法，两人为此吵过很多次，最后，崔晓曦爸爸发现妻子的性格早已根深蒂固，也只好对她做出了妥协。

崔晓曦妈妈还把这种思想传递给了女儿。有几次，崔晓曦把自己的课外读物借给了小伙伴们，结果崔晓曦妈妈每每知道以后都要训斥一番。崔晓曦妈妈认为，崔晓曦的同学都有爸爸妈妈，他们想看课外读物，应该让自己的父母买，而不应该借崔晓曦的，这是在占崔晓曦的便宜。在被妈妈骂了几次以后，崔晓曦也变得特别小气，她的东西谁也不借。

后来，崔晓曦越来越像妈妈了，她的房间别人不能轻易进，就算爸爸妈妈也要得到她的允许，而且她的东西一律不许别人碰，谁动了她就跟谁急，包括父母。

在学校，崔晓曦遭到了同学们的一致排斥，同学们都认为她既自私又小气，不愿和任何人分享。对于这种评价崔晓曦既伤心又困惑：伤心的是，她得不到别人轻易就能得到的友谊；困惑的是，妈妈就是这样做的，她不知道这样做错在了哪。

其实，没有哪一个孩子的天性是不好的。正如著名教育专家王东华先生所说："没有教不好的孩子，只有不会教的家长。"每一个孩子的身上，都有父母打下的烙印。

很多时候，我们与其说是在教育孩子，不如说是在污染孩子纯真的心灵。当这种污染达到一定程度时，我们又反过来说孩子自私，说她们以自我为中心。面对不断成长的女孩，我们有必要扪心自问，孩子的自私有多少是我们亲自灌输给她的？

其实教女孩做人，首先是要赋予她一颗仁爱之心。

曾看过一篇文章：

一位老师在上课时，突然下起了雨。不一会儿，老师发现有一位老奶奶拿着雨伞站在教室门口，很明显，她是来给自己的孙儿送伞的。老师瞬间感动。

于是，老师布置了一篇作文，题目叫《雨天的收获》。起初，孩子们感觉很奇怪，不知道该如何下笔。老师就引导他们说："下雨会给人们增添许多麻烦，增添很多担心，但是下雨会让人的亲情洋溢，互相关心。"同学们在老师的引导下，突然感觉生活原来如此美好，原来有这么多的爱就在身边。

这天放学，同学们都有了自己的伞，有一个小女孩拿着伞坐在那里没有回家，老师关心地问她："你为什么不走啊？"小女孩说："老师你没有伞，我和你打一把伞走。"老师更感动了。

其实，这样的小事可能在生活中每天都会发生，但它实锤了一个道理——孩子是在爱中成长，在爱中学会爱的。

女孩的心灵是最纯净的，她们能从点点滴滴的生活小事中感受到父母的爱心，从而渐渐唤醒内心关爱父母的意识。所以培养女孩的爱心，最需要的是情感的熏陶和榜样的示范。

一点一滴地培养，一言一行地引导，仁慈博大的爱心、人道主义的道德，就会在孩子心头扎下根，就会随着孩子的成长而不断扩展和升腾。

希望父母从自己做起，从小事做起，培养孩子的爱心，让爱在女儿的心里生根发芽，让爱充满这个美丽的世界。

───────── 教养的秘密 ─────────

爱的教育应是整个教育的主旋律。

父母要培养女孩一双能够发现爱的眼睛，有一颗灵敏的心来感受生活。

这时就需要父母的点拨，让孩子想到在这些行为的背后，有一颗颗关爱的心，让她去体味大人为什么这样做，让她懂得爱、珍惜爱、学会爱。一个有爱心的女孩，必然是快乐幸福的。

把被你毁掉的同理心，还给女儿

什么是同理心？就是不用别人强调，自动自觉、设身处地地去考虑对方的想法和感受。

同理心有多重要？缺乏同理心，往小了说，孩子不会有健全的情感，他们对伤害别人毫无歉意和愧疚；而真正重要的是，他们会因为无法体察别人的心理感受而遭遇社交障碍，也容易与别人闹矛盾、起冲突。

一个缺乏同理心的孩子，他没有关心别人的意识，即便看到别人深陷困境也毫不同情无动于衷，甚至还会幸灾乐祸加以嘲讽。

这样的孩子，不是没朋友，就是朋友最后都不愿再和他做朋友。

很多家长也在困惑——孩子从什么时候开始变得这么“没

人性"？

孩子的冷漠不是天生的，也不是现在造成的，而是在他完全不懂事的时候，父母太多的溺爱，迷失了他的本性，使他没有意识到，自己应该拥有付出爱的义务和责任。

生物学上有一条规律：当某种物质过于浓烈时，感觉迅速迟钝、麻痹。

因为工作原因，刘先生的女儿很小就被送到爷爷奶奶身边寄养，直到上学才接回来。

女儿与父母缺乏起码的亲子交流，她幼年时的各种情绪也没有得到合理的安抚和释放，所以性格有些孤僻和任性。

出于愧疚心理，刘先生夫妻自从把女儿接回来以后，一直以补偿心态宠溺孩子。孩子的大事小情能代劳则代劳，孩子的要求一时无法满足也要创造条件去满足。

结果有一天，女儿放学回来情绪非常不好，乱发脾气。刘先生忙问缘由，孩子一开始还咬着牙什么都不肯说，后来劝了半天才恨恨地说，自己被同学排挤了。

这女孩才上小学三年级，就遭到了同学们的集体排挤，也算得上轻微的校园欺凌了。刘先生很焦虑，连忙打电话给班主任老师问询情况，班主任也是一头雾水——没看到班里有霸凌现象啊！但还是赶紧安抚家长，并请家长第二天来学校了解情况和解决问题。

然而万万没想到啊，刘先生本来是要为女儿"讨个说法"的，结果却遭到了小朋友的一致声讨：

"她笑话我长得黑，说我看着就不干净！"

"她嘲笑我读课文的声音难听，说我像鸭子叫！"

"嘤嘤嘤……她说我长得丑，说我不应该叫王美丽，应该叫王大脸……嘤嘤嘤……"

那些"欺负人"的孩子争先恐后地向老师控诉了"受欺负者"的罪行，刘先生表示，那场面相当震撼和尴尬了……

尴尬之余，刘先生不禁越发心痛和无奈起来，他觉得自己已经为女儿做得够多了，女儿怎么还会变成这样？

其实，很多时候，孩子丢失了同理心，并不是因为父母做得太少，而恰恰是因为他们做得太多了，把原本该由孩子承担的责任，也一并替她承担了。

父母无微不至的照顾，面面俱到的满足，只会助长孩子无止境索取的气焰，和理所当然不知感恩的无愧感。

然后，一并剥夺了她成长、成熟的机会。

这种同理心被掠夺的女孩，其实是被家长贴上了"讨人厌符"，不仅得不到小伙伴们的喜爱，将来也会阻碍她们的人际交往。

当然，这个毛病并非一朝一夕就能改掉的。

所以，父母平时就要做到不娇惯、不溺爱孩子。在为孩子提供必要物质条件的同时，还要培养她们艰苦朴素的生活作风，增强劳动观念，克服懒惰、依赖情绪。因为，优越的物质生活不仅容易使人消极、颓废，不思进取，而且容易使人变得贪婪、无止境地追求个人利益，所以培养勤劳朴实的性格是克服自我中心的关键所在。

再者，父母应该直接指出孩子的错处，反问她：

"那么，我以后也向你对别人一样对你，你会怎样？"

"你抢小朋友玩具的时候，有没有想过，如果别人抢走你的玩具，你心里有多难过？"

父母通过这样的方式引导孩子换位思考，让孩子自己思考问题所在。慢慢地，言传身教之下，她就会逐渐学会站在别人的立场上思考问题。

要想培养孩子的同理心，让孩子明白"己所不欲，勿施于人"的道理，非常重要。

另外，父母要鼓励女儿多与外界交往，让孩子在交往中学会宽容和忍让，让孩子有机会与他人分享，有机会培养团结互助的习惯，有机会弄懂互惠互利的道理。

多为孩子提供结交朋友和接触社会的机会，提高孩子与外界的交往能力，这是避免和改变孩子过度自我的最好方法。

给大家提个醒，非常重要的提醒！

作为父母，我们千万别让自己成为没有同理心的家长，更不要觉得"同理心"是傻瓜、圣母行为。即使你就是这么想的，也不要在孩子面前表现出来。

要知道，孩子正看着你呢！

当女孩变成"小心眼"，爸妈应该怎么办

女儿上小学一年级了，爸爸开着自家的"霸道"把女儿送到学校，他认为自己的女儿聪慧、漂亮、机灵，一定会成为班

级里的佼佼者。

果然不出所料，三天后，孩子放学后兴高采烈地向父母报告："老师让我当班长了！说我学习好、聪明、能力强！全班同学里只有我获得的表扬最多，其他的孩子都不行！"

爸爸妈妈也很高兴："就是嘛！谁能比得上我女儿呢！"

然而半个学期没过去麻烦就来了。孩子回家后，总是拉长了脸，向妈妈数落自己的同学不好：刘微微只不过会背诗，大家都捧她，但其实她是笨蛋；许燕只不过长得高点，有什么了不起的，穿得那么土……而且她还向妈妈抱怨同学都嫉妒她，不理她。

结果妈妈向老师一问才知道，原来孩子在班上总是表现得心胸狭隘，如果班上有哪个同学在哪方面超过了她，她就会反应强烈，甚至诽谤人家，因此同学们都疏远她。

不仅如此，孩子也不能接受老师的批评。有一次，老师说她学习好，工作能力强，就是工作方法上存在着一些问题，同学关系有时会出现一点紧张，希望她能稍微改变一下。老师说得很委婉，也很诚恳，但心胸狭窄的孩子根本听不进去。为了这件事，她一连几天拉长着脸，也不说话，她觉得太不公平了，老师怎么能这样对她呢？

孩子总因为一些琐碎的小事而生闷气，妈妈看在眼里，急在心里，她越来越为女儿担心了，她担心女儿这样的性格将来交不到朋友，适应不了社会。

的确，心胸狭隘的孩子多是人际关系中的失败者。

心胸狭窄使孩子不能容忍别人，他们眼里只有别人的短处，嫉恨别人的长处，结果使朋友越来越少，快乐无人分享，痛苦无处倾诉，有困难无人帮助，致使心胸更加狭隘，难以解脱。

心胸狭窄的孩子，基本难成大器之才。

一个人的成就，往往与他的格局和胸怀成正比。心胸狭隘的孩子，对人对事以自我为中心，任性而为，不肯接纳别人的建议，缺乏容人的气量，遇事不满就牢骚满腹，将责任归咎于他人，这样的人不会得到别人的鼎力相助。

没有豁达心胸的孩子，即便他真的很聪明，很有能力，也会因为无法与人合作而被社会淘汰。

心胸狭隘是当今社会许多孩子身上的弊病。

哪怕单纯是为了孩子，我们也应该帮助孩子扩充自己的心胸，这也是孩子身心健康发展的保障。

那么问题来了。为什么小时候那么天真可爱的女儿，会变得越来越心胸狭隘呢？

孩子就像一张纸，简单、干净而纯粹，他们也很容发生变化，变得豁达，或是变得狭隘，而他们怎么变，取决于自己的爸妈。

父母要通过自己的潜移默化，拓宽女儿的格局，就像她学舞蹈一样，越小的时候培养，就越能挖掘她的柔韧性，越小的时候培养，孩子的接受能力就越强。

父母可以通过角色互换的方式，引导女孩设身处地站在别人的角度看待问题，以此来反省自己的行为，摆脱内心的灰暗情绪，学会善待别人。

这天，于莎莎一回到家就开始发脾气，嘴里不停地嘀咕："哼，我非和她绝交不可！"

妈妈看到于莎莎这副模样，便走过去询问："怎么了？满脸的不高兴？"

于莎莎回答："说起来我就生气，我们班那个纪晓光，竟然把我借给她的 CD 弄坏了，那盘 CD 可是绝版的，现在有钱也买不到呀！你说气不气人？"

妈妈这才明白了女儿为何如此生气。她拉着于莎莎的手，慢慢说道："晓光不是你最好的朋友吗？我还记得上次文艺晚会，你借了她的鞋子参加表演，后来好像还把人家鞋子的鞋跟给弄断了，对吧？晓光最后不是丝毫没有责怪你的意思吗？"

于莎莎被妈妈这么一问，脸突然红了起来："对呀，晓光对我很好的。"

妈妈接着说道："所以，她一定不是故意弄坏你的 CD 的，说不定她比你还难受呢。孩子，何不宽容一下别人的错误呢？"

于莎莎点点头，心想，明天上学的时候，一定要告诉晓光，自己不生气了……

豁达意味着理解，不斤斤计较。父母们在日常生活中，要教育孩子不能只看到别人的短处，不能看不起别人，不要斤斤计较。

比如，当孩子抱怨："我的那本《格林童话》小红都借去快两星期了，她还不还给我。"父母可以这样回答："没关系，她可能看书比较慢呀，对不对？上次她把网球拍借你玩了那么久呢。你还有很多书可以看呢，别着急呀。"

当听到孩子抱怨："我恨死 ×× 了。"父母们要注意了，这是个危险的信号，要适当地开导孩子："为什么呢？"要教导孩子多看看别人的好处，不要把别人的缺点记在心里，要豁达大度地对待别人。因为只有豁达待人，才能获得别人的爱戴与敬重，才能赢得更多的朋友，才能很好地和别人沟通和交往，才能获得真正幸福的人生。

───────── 教养的秘密 ─────────

父母希望孩子学会大度，首先自己应有大度的品质。

如果父母本身心胸狭隘，无视他人的意见，习惯于将自己的意志强加于人，不给人改错的机会，为一点小事争执不休，为一点小利而斤斤计较，孩子又怎么能大度呢？

父母宽容、大度、遇事不斤斤计较，孩子就会学着父母的样子处理自己与同学之间的关系，也会变得有容人之量。

不要过分高估孩子，以免她自恋成病

苗苗妈问刚上幼儿园的苗苗："谁是你们班最漂亮的女生啊？"

苗苗非常肯定地回答："是我！"

苗苗爸问苗苗："谁是咱们家最好的那个人？"

苗苗当仁不让："是我！"

苗苗爸和苗苗妈相视一苦笑，这丫头从小就这么自恋，长大可咋整。

——很多家长在这里有一个误区，那就是不经意间混淆了"自恋"与"自信"的概念。但事实上，幼年的孩子大多是不懂什么是自恋的。

自恋，说白了就是极其地自我陶醉，盲目地自我崇拜，时刻感觉自己都在巅峰状态。

而小孩子的自恋并非如此，他们的自我表现更多是"初生牛犊不怕虎"——他们就是觉得"我很棒"，可很多家长误以为这就是自恋。

不，不是的。

如果你去幼儿园问那些小朋友："你们班最招人喜爱的小朋友是谁啊？"

他们都会觉得这个问题的答案不用怀疑，就是自己。

就像女孩都认为自己就是世界上最美的小公主一样，孩子在幼年时期几乎都"自恋"得不得了。

如果我们称其为"自恋"的话，那这种"自恋"无疑是一种积极的、健康的心理状态。

孩子们在幼年时期，所建立的"我是最棒的"心理认知，是自我意识生长的必然结果。

换而言之，这种自恋是小孩应该有的自信，他们应该"自以为是"，认为自己就是最好的存在，认为自己可以凭借一己之力将所有事情搞定，虽然这种自信有盲目自大之嫌，但孩子正是在这种不谙世事的莽撞之中，学会认清了什么是成人世界。

但是，自信往前一步，就是自恋。

有科学研究表明，孩子进入小学以后（8岁左右），开始出现真正意义上的自恋倾向。

也就是说，倘若在这个时期，父母忽略了引导，甚至传递了错误的思想，那么孩子的自我认知，就可能出现严重障碍。

以下场景可能父母们都很熟悉：

"走开！我根本不需要你的帮忙，你算老几啊！"子瑜对表示愿意帮助她讲解难题的同桌大声嚷道。

"我的古筝已过 6 级了，这次晚会应该由我先上台演奏。为什么让海燕上？她学古筝才几天呀！"高二（一）班教室里，传来了张小斐歇斯底里的喊叫。

"陈老师每次上课都点我回答问题，每次都表扬我，你们都不行！"陈婉回答完问题，藐视地扫视了一下教室。

"和杨颖交朋友？不可能，就她那个蠢样！"徐娇对李娜说。

……

注意，这就是自恋的苗头！

当然，我们不能在特定的场景中对孩子妄下结论，发现女儿说一些狂妄自大的话就断言她"太自恋了！"心理学上自有一套对自恋程度的评估，我们来对照一下：

1. 当受到外界批评时，孩子的第一反应是愤怒或者感到耻辱；

2. 喜欢对自己进行过度包装和夸大，希望别人特别关注自己；

3. 坚定不移地认为，自己喜欢的、关注的事物，才是全世界最好的；

4. 对事业、理想、爱情、权利，一直抱有严重脱离实际的幻想；

5. 认为自己高人一等，理应享有比他人更好的待遇或特权；

6. 同情心严重缺失，不会也不愿意体察别人的感受；

7. 嫉妒心极强，或总以为别人在羡慕、嫉妒、诽谤自己；

8. 喜欢展示自己，喜欢频繁照镜子，喜欢欣赏自己的身体；

9. 相信自己是个天生的领导者，认为自己就应该是他人权威的化身；

10. 喜欢对他人颐指气使，在同龄人面前总喜欢摆出一副高高在上的样子。

再次提醒大家注意，如果你家女孩具备以上5种特质，那么她非常自恋无疑。

严重自恋的女孩，她们总是自我感觉特别良好，认为自己尤其与众不同，对外界赞美渴求成瘾，她们往往缺乏自控，争强好胜，冷漠刻薄，没有爱心。

严重自恋的女孩，她们不会有开阔的心胸，她们不仅看不起别人，而且还会迷失自己。

严重自恋的女孩，通常也很难获得美好的友情和爱情，因为她们爱的人只有自己。

当然，我们的孩子仍在成长中，她们的心理和品性尚未定型，仍具有非常大的可塑性，所以只要我们这些做父母的做好教育细节工作，孩子的自恋顽疾就可以被治愈。

想要治愈孩子的自恋顽疾，我们先要回答这样一个问题——孩子的自恋因何而起？

　　心理学家研究表明，孩子的自恋倾向，大多与家庭环境等有关。

　　比如，孩子在幼儿时期，父母对孩子过分亲昵，孩子的心里就会出现自恋倾向；

　　又比如，孩子进入童年时，缺乏与外界同龄人的接触，一些父母阻止孩子去结交同龄朋友，导致孩子孤独地度过童年，这样也有可能使孩子产生自恋的倾向；

　　还有很重要的一点：一些父母全方位多角度无孔不入的赞美，正是孩子自恋的罪魁祸首。

　　看到这点，可能有些父母又要费解了——难道赏识孩子也有错吗？

　　不，我们是提倡父母多多夸奖孩子的，如果孩子能够从父母那里不断感受到温暖和力量，他们的世界将充满自信和阳光。

　　但是，中国有句老话讲"过犹不及"，如果我们严重违背事实真相，彻底脱离孩子实力，毫无界限、不讲分寸地去夸奖，这种夸奖就会变成肉眼可见的伤害。

　　不管孩子做事是否到位、方法对错与否，家长全是赞语，压根不去引导孩子认识错误和不足，那么孩子就会觉得，"我就是无所不能"，因为爸爸妈妈就是这样说的。

　　孩子因而觉得自己做什么都是正确的，所以当他听到批评或者不同意见时，常常会反应异常激烈。

　　他们因为不能听取别人的意见，人际关系往往非常糟糕。

　　成年以后进入职场，他们因为无法接受领导和同事的批评或不同意见，不仅心理会频频遭受重创，会在职场的道路上举步维艰。

我们必须认清一点：孩子幼年时的自我陶醉是正常的、被允许的、有正向作用的，但父母从头至尾十几年如一日的过度赞美，则会让孩子在自我赏识中过分陶醉。

那么，家长应该怎样做，才能不给孩子严重自恋的机会？

第一，给孩子一个健康的成长环境

父母应该多关爱女儿，不要让女孩有孤独感、失望感，否则会使孩子变得冷漠，从而不愿接近别人、相信别人，因此产生自闭或自恋心理。当然，也不要溺爱孩子。

第二，要讲究正确的教育方式

发现女儿有自恋倾向后，父母要先反省一下自己的教育方式，并改进自己的教育方式，鼓励孩子多结交有益的朋友，从一点一滴的小事中去发现别人身上的美与善良，发现别人的优点与特长。这样，孩子在开阔了眼界的同时，也开阔了心胸。当孩子敞开心怀去接纳别人时，就不会再自恋，不会再对别人产生厌恶感了。

第三，表扬要有根据，有尺度

孩子需要表扬，但是表扬要适度，要有节制。如果父母经常有意识或无意识地当着孩子或他人的面称赞、宠爱自己的孩子，就有可能使孩子从小就自视甚高，这常成为孩子自恋心理产生的基础。所以，父母在表扬孩子时要有分寸，不能够夸大，更不能因为孩子有一次不错的表现，就每天都表扬。

第四，鼓励孩子多结交同龄的朋友

现在的孩子多是独生子女，如果家长不但不为孩子结交朋友提供条件，甚至还加以阻挠，就会促使孩子自恋心理的产生。相反，让孩子多结交朋友，让孩子看到每个人都有自己的优点，都有超过自己的地方，这样孩子的自恋心理就会减弱。

第五，不要在言语中把孩子放置在别人之上

对绝大多数父母而言，自己的孩子肯定是最特别的，但给家长们提个醒，这一点应该只对你自己有效。女儿在某一方面突出，或者取得了很好的成绩，多多肯定她，表扬她的具体表现都是必要的，但不要强调她比别的孩子更优秀，类似"你们班上，就你最有艺术天赋"这类的话最好少说，否则孩子就会认为"我就是最好的"。

教养的秘密

客观地说，我们每个人或多或少都会有些自恋。

但过度自恋一定会给孩子造成心理上非常大的困扰，所以别给孩子埋下那颗傲慢自大的种子。

当女孩在你的引导之下，逐渐学会了客观认知自己、正确评价自己，她也就慢慢成熟了，这个过程很微妙，也很真实。

给你的傲娇女孩，适当泼点冷水吧

为了增强孩子的信心，激发他们的潜力，"赏识教育"开始被越来越多的家长所接受。但是在生活中，有些父母把握不好"赏识"的度，过于强调自信，不断地给孩子灌输"你是最优秀的"思想，结果孩子骄气日盛，总是看不起别人。

傲娇的孩子常在自己的周围竖起一道无形的"城墙"，形成与外界的隔膜。

林雨薇是学校里的艺术骨干，她从小深受执教于音乐学院的母亲的影响，弹得一手好钢琴，在声乐、舞蹈方面也都不错，曾多次代表学校参加文艺演出或比赛并获奖。

但是让人难以接受的，除了几个亲密的伙伴外，林雨薇不大爱同其他同学讲话。当有的同学问她问题时，她总是很轻蔑地说："这么简单的问题需要问吗？"久而久之，没有人愿意理她了。

在一次音乐课上，实习老师刚走出教室，"啪"的一声脆响，一本书被狠狠地摔在桌上，"有几个音弹错了，颤音也没有唱出来，这样的水平还来教我们！"说这话的，自然又是林雨薇，同学们惊愕的目光都聚集在她身上，林雨薇满不在乎地走出了教室。

生活中，像林雨薇这样的女孩并不少见，这些孩子通常看不起别人，总认为自己比别人强得多，把别人看得一无是处。

在人际互动中，傲娇的女孩不懂得交往应该以互相尊重、互相平等为原则，总是表现出一种优越感，盛气凌人，只强调自己的感受。她们虽然能取得一定的成绩，但往往没有远大的理想和志向，而只满足于眼前取得的成绩。

傲娇的女孩情绪也不稳定，当别人不理睬她时，她会感到沮丧；当她遭到失败和挫折时，又会从骄傲走向悲观、自卑和自暴自弃，否定自己的一切，觉得自己什么都不如别人。

因此，父母千万不要忽视孩子的傲娇心理，为了孩子的健康成长，不妨用"泼冷水"的方法帮她们走出这个误区。

廖清清是小学二年级的学生，她聪明好学，勤奋向上。在一次朗诵比赛中，廖清清又获得了班上的最佳朗诵奖，她心里像吃了蜜一样甜。回到家后，她把朗诵稿交给保姆，得意地对她说道："张姨，你念一段给我听听，怎么样？"

这个善良的女人拿起朗诵稿，仔细地看了一遍，然后结结巴巴地说："清清，有些字我不认识。"

廖清清更加得意了，她快速地冲进客厅，得意地对爸爸喊道："爸爸，张姨不识字，可是我这么小，就得了朗诵奖状，这是多么了不起啊！再看看张姨，拿着一本书却不会读，这太可怜了，我不知道她心里是什么滋味。"

父亲皱着眉头看了看廖清清，没有说一句话，他走到书架旁，拿下一本书，递给她说："你看看这本书，就能体会到她心里的滋味了。"

那本书是用拉丁文写的，廖清清一个字也不认识，她的脸涨得通红，手足无措地站在那儿，一句话也说不出来。

爸爸仔细地看了看她，然后严肃地说："没错，张姨不认识字，可是请记住，你不会念拉丁文！"

廖清清永远都不会忘记那次的教训，无论什么时候，只要她想在别人面前炫耀的时候，她就马上提醒自己："记住，你不会念拉丁文！"

合格的家长，应该是孩子的引路者和矫正器，对于那些信心严重不足，或者正处于负面情绪中的孩子，我们固然应当多加鼓励，而对那些傲气冲天，觉得谁也不如自己的孩子，最要紧的，就是要给她降降温了。

我们不妨对傲娇的孩子提出更高的要求，安排难度更大的任务，让她遭受挫折，品尝失败，清楚地看到自己能力的不足，体验需要别人指导和帮助的感觉。

其实，孩子本身都是很优秀的，只要家长教养有方，他们都可以由一棵小苗长成参天大树。

有时候，孩子的骄气，责任在于父母。

有些家长由于自身条件比较优越，总是表现出一副扬扬得意、目中无人的神态，经常会流露出对他人的不屑。孩子耳濡目染，也会仿效父母，只看到自己的长处，而嘲笑别人的短处。

为了洗去女孩身上的傲娇气，父母必须从自身做起，教育孩子回归理性，正确评价自我。

让"懒女孩"主动参与到劳动中来

随着年龄不断增长，女孩的生活不仅局限于家中，更拥有了广阔的校园。

为了让孩子能够适应学校生活，我们理应要求她做些力所能及的劳动，这样才能够得到同学和老师更多的喜爱。可是，也许孩子"享受"惯了，对我们的要求总是推三阻四，迟迟不肯弯下腰，捡起地上的一个纸片。

对于这样的孩子，我们有着说不出的"苦衷"：大道理讲了不少，并且也采取了一些合理的手段，可是她却总是逃避。或者即使劳动了，反而向我要报酬，你说孩子这么小就如此物质，那么长大后不就更夸张了吗？

想要让孩子学会动手劳动，父母的言语教育当然没有错，但是，这远远不够。

要让孩子听话，必须掌握他们的心理特点，让我们先听听孩子们对于家务活是怎么个想法。

12岁的小女孩小艺说：

每次吃完饭，爸爸总会板起脸，喝道："快去洗碗！"那种不由分说地语气，好像我不洗碗就大逆不道似的，真叫人难受！如果我稍不乐意，他们就会把嘴一抿："不洗也可以，这个星期的零用钱就免了吧！"于是，我只好无可奈何地端起碗筷。

每每这时，我总是在想，为什么你们要对我呼来喝去？我真的好期望爸爸妈妈能笑眯眯地对我说："女儿，今晚洗碗，好吗？"那我一定会乐意的。

让孩子做家务，应用温和的语气、商量的口吻，不能以家长的权威压孩子，让她觉得做家务是一种负担。有一些聪明的家长，总可以在不知不觉之间，把孩子引导到爱做家务、做好家务的路上来。

米蓝的爸爸，在这方面有足够的经验。大约在孩子3岁的时候，米蓝的爸爸就开始利用孩子喜欢模仿的特点，让她模仿父母做家务，吩咐她做一些十分简单的事情，比如：拾起地上的玩具，把报纸拿给爸爸，给妈妈拿双拖鞋，把自己的垃圾丢到废纸篓中去等。孩子喜欢做有趣的事，爸爸就让她帮助摆餐桌，让她摆好筷子和色彩鲜艳的杯垫等。

米蓝的家住在一楼，她每天都会骑着小童车去 50 米外的垃圾场丢垃圾！每当这时，爸爸妈妈都忍不住会赞美孩子："宝宝真能干！可以帮妈妈干活了！"这句话让米蓝很受用，结果丢垃圾的活都由她包了，别人做她还不肯！大人做家务时，总爱放点音乐或者哼哼歌儿，这样就让孩子也觉得做家务是一件快活的事。

等米蓝 10 岁的时候，已经学会自己洗衣服，平时洗碗择菜，更是不在话下，邻居们都羡慕他们家养了个能干的好女儿，连老师都反映说米蓝在班级里与同龄孩子相比，明显要聪明懂事得多。培养孩子做家务，越早开始效果越好。小孩子常常喜欢给爸爸妈妈做一些小事，得到表扬后显得异常兴奋，家长应加以鼓励，使孩子感到自己做得对，高兴地坚持下去，由无意识的模仿动作变成有意识的自觉行为。

如果你的宝贝女儿已经是在小学阶段，但是还没有培养起做家务的习惯，父母也不要着急，对已经有自己思想和主张的孩子，我们要注意"以理服人"。

还有一个很不错的方法——父母让孩子看到自己的辛苦，那么，她就会自觉劳动起来。

朱文玉特别喜欢模型制作，只要一有空，就会坐在桌子前忙碌。妈妈看到她这个样子，自然感到欣慰，毕竟孩子热爱动手，这是个好的现象。可是，朱文玉也有一个毛病让妈妈一直头疼，那就是她不喜欢"收拾战场"。每一次做完模型，朱文玉扭头就跑，全然不顾那些材料垃圾。尽管妈妈会经常批评她，可是收效甚微，下一次地上照样是"纸屑与灰尘共存"。

有一天，妈妈听别人说，如果能够在孩子面前劳动，那么能够唤起她的积极性，于是，她准备试一试是否有效。

晚上，朱文玉又开始做模型了，妈妈就在门口看着，等待时机的到来。一个小时后，朱文玉伸了个懒腰，宣布大功告成，站起来就要往外走。这时候，妈妈拿着扫帚走到了桌子跟前。朱文玉好奇地问："妈妈，你这要干什么？"

"为你收拾残局啊！"妈妈叹了口气，然后弯下腰，用力地清扫着不容易够着的角落。没一会儿，妈妈的额头已经满是汗珠，但清扫的任务却还有很多。

看到这里，朱文玉有些替妈妈心疼了。她悄悄地拿起垃圾筐，将那些散落在地的硬纸板扔了进去，然后又将各种工具摆放整齐。妈妈扭头看着她，不由得欣慰地笑了笑。

就这样坚持了一个星期，朱文玉每天都能看到妈妈挥汗如雨的身影。终于，又一个星期一的晚上，当妈妈再次踏进朱文玉的屋门时，突然看到了一尘不染、干干净净的地面。而在桌子上，朱文玉写下了一个纸条：妈妈，我自己已经打扫干净啦，不用麻烦你啦！

妈妈没有长篇大论，而是默默地打扫卫生，就是为了让孩子看到：屋子这么乱，不打扫一番明天怎么能够继续工作？并且，这原本是你自己的工作，现在却要让妈妈来替你做。顿时，孩子就体会到了暗示，于是不再想着逃走，而是帮着妈妈一起工作，最终学会了自己动手。

在孩子身上，有一个最明显的特点：不服管教，却又容易感动。

这就是为什么父母的道理讲得不少，孩子却始终难以接受的原因。在他们的眼里，父母似乎总愿干涉自己、要求自己，因此势必会产生一种抵制情绪。但是，如果父母以相对沉默的行动对他们给予暗示，孩子会立刻感觉到：原来爸爸妈妈这么辛苦，他们所做的一切都是为了我！于是，他们就不再感到劳动是一种"折磨"，而是一件分内之事。

因此，想让女儿积极地劳动，父母不妨以行动暗示她，让她看到劳动的必要性。只有让孩子认识到这点，她才能主动劳动，而不是感到一种"胁迫感"。一般来说，孩子倘若认为某件事情属于自己的责任，那么她就不会再抱有怨言，即使辛苦一点，她也会感到这是一种快乐。

格外强调一点：

孩子做好一件家务事，我们应该给她一些言语上的奖励，当然也可以给她一些零用钱，但不能让她觉得这是做家务劳动的条件。

否则，她可能会认为捡起自己的袜子，都应该收到报酬。

女儿任性不听话，是你没有用对方法

孩子任性，是一个普遍的问题。

女孩子虽不像男孩子那样，脾气上来，撒泼打滚，无所不干，但是心里一不如意，就往那儿一坐，小嘴儿一撅，任凭你怎么喊就是不答应，也真够让大人心急的。

在家长眼里，孩子任性就是不可理喻，就是"犯拧"，他们要么大声呵斥，压制孩子的脾气，逼他们就范；要么举手投降，答应孩子的一切要求，只求他们乖乖的别闹事。这显然不是良好的教养方式，这样做，虽然一时熄了孩子的火，但更大的隐患还在后面。这只能让"犯拧"的孩子更加"犯拧"，无礼的孩子更加无礼。

父母千万不要认为，孩子脾气拧，是天生的。

甚至有的父母在孩子犯拧时，一言不合就跟着发脾气，以暴制暴。这种情绪化的方法，绝对改变不了孩子任性的毛病。

要矫正孩子任性的缺陷，我们必须了解一点儿童心理学，知道他们在大人看来"不可理喻"的背后，到底有什么样的深层动机。

9 岁的燕楠，典型的你说往东她偏往西，妈妈都恨得打屁股了，可是她还是我行我素。

但在孩子内心里，她却是这么想的：妈妈嫌我不听话，太任性。可是我不饿的时候，妈妈偏让我吃饭；我想看画册，她偏让我午睡；我困了的时候，她还非让我练琴。难道妈妈就不任性吗？为什么都要按她说的去办？我已经是大孩子了，我不能决定自己要干什么吗？

11 岁的海林，脾气说来就来，稍不如意就和父母对着干，也不管人多人少。

孩子心中，其实也有她的想法："我吃东西吃得高兴，不小心把番茄酱弄到脸上了。妈妈就唠叨：'看看比你大一岁的表姐，吃东西的时候多斯文，说话都慢声细气的，再看你，哪像个女孩子！'为什么总是说别的孩子好？索性把汉堡包、薯条弄得满地都是，这又怎么样？反正在妈妈的眼里，我也不是好孩子了！"

6岁的妞妞，看到什么要什么，父母不答应，说哭就哭，没个晴天的时候。

在她心里，打的是这个主意："你们不让我闹，但是我好好说话你们什么时候听过？我一哭你们才会改变主意，上次就是这样的。"

看来，在任性孩子"不可理喻"的背后，其实也有他们的"理"，只是当家长的平时不注意分辨罢了。我们知道了孩子与自己对抗的动机，再教育起来自然就容易多了。总的来说，教育任性的女孩，我们应该遵循以下几个原则：

第一，提前打好预防针

孩子任性发作一般是有规律可循的，当预计孩子可能因某种情况任性时，要提前打好预防针。

比如：带孩子到商场之前，要估计到孩子会要求买玩具，一旦得不到满足八成会犯拧。那么，家长在从家里出发前就要和孩子讲好条件，看到喜欢的玩具只许看一会儿，不能买，不听话就不带她去商场了。如果孩子表现得好，家长可以表扬鼓励她，甚至可以给她买件小礼物，以示对其"不任性"的奖励。

第二，遇到犯拧不能软

孩子任性往往是抓住了家长的弱点，家长越怕孩子哭，孩子就越是哭。因此，家长对孩子提出的不合理要求绝对不能让步，不管她怎么哭怎么闹，都不能有任何迁就的表示，态度要坚决，而且一定要坚持到底。

第三，让孩子多与他人交往

目前，多数孩子都是独生子女，在家里受到溺爱，又缺少与同龄人交往的机会，容易形成孤僻、执拗的性格。形成这种性格后，在外面和小朋友、同学相处困难，一不顺心，回家更是要要脾气，形成恶性循环。

因此，家长要多为孩子创造条件，让孩子多和同龄人交往。在和小伙伴交往的过程中，孩子没有道理要求别人事事顺着自己，对别人任性要脾气的结果可能就是"没人理了"。孩子慢慢地会因此意识到任性的坏处，并且在和同龄人交往中改掉任性的坏毛病。

其实，孩子的任性，往往都是由家长惯出来的。如果家长不知道孩子哭泣、要脾气的心理原因是什么，不懂得如何对症下药，矫正他们任性的坏习惯，孩子的任性就会越来越严重，最终变成一个自私、放纵、受不得挫折的人。

教养的秘密

其实，小孩子是很有心眼的，她们闹脾气是给你看的。

所以，她们闹，如无必要，就不要管她，她觉得闹脾气没用，自己就会停下来。

事后，等她情绪平静了，再告诉她为什么她的要求是不合理的，不要说教，要轻聊。

这个方法既不会伤害孩子，又能纠正她任性的毛病，不是很好吗？

CHAPTER 06

我们无权强迫孩子做个淑女，
但必须让她从小知礼有礼

礼貌使有礼貌的人喜悦，也使那些受到人家礼貌相待的人们喜悦。

文明礼貌是社会交际对个人的基本要求，也是个体融入群体的重要资本。

教给孩子文明礼貌，需要学的不只是"请"和"谢谢"，而是应以正确的态度处理和他人的关系。孩子们要学习的，不只是礼貌的言辞，还要有礼貌的内心。

孩子粗鲁无礼，是她不懂什么是礼貌

妈妈正在跟亲友闲谈，7 岁的女儿走过来拉她的胳膊，她要喝苹果汁，而且是马上。

妈妈说："乖宝贝，稍等一会儿，我就给你去拿。"然后又回过身和亲友交谈起来。

孩子突然大叫道："妈妈，你给我闭嘴！"

孩子这样无礼，使妈妈感到尴尬，但更令她感到担心的是，孩子这样对她不是一次两次了。

——"孩子在家里经常用这种粗鲁的态度说话，而平时我不甚注意，这次我之所以注意到她的态度，是因为她是当着客人的面这么说的。"

很多父母在孩子刚开始表现出不礼貌的行为时，都觉得是童言无忌。

他们甚至觉得孩子做出的不礼貌举动，说出的不礼貌语言，"萌萌的"，很好笑。

而孩子看到父母的逗弄和欢笑，他们则会觉得，自己这么做是对的！

我们经常这样自己安慰自己——"孩子还小"，但你现在不教她懂礼貌，准备什么时候教呢？

或许，有些父母还不明白礼仪对一个人的重要性！

礼仪是人与人之间沟通、交往的基础与前提。相对而言，懂礼貌的孩子更容易得到人们的喜爱，成为一个受欢迎的小家伙。所以，我们要从小培养孩子文明有礼的好形象，这会使我们的孩子更易融入社会。

从交际的角度来看，礼仪可以说是人际交往中适用的一种艺术，一种交际方式或交际方法。是人际交往中约定俗成的示人以尊重、友好的习惯做法。

从传播的角度来看，礼仪可以说是在人际交往中进行相互沟通的技巧。

从个人的角度来看，一是有助于提高人们的自身修养；二是有助于美化自身、美化生活；有助于促进人们的社会交往，改善人们的人际关系；还有助于净化社会风气。

从团体的角度来看，礼仪是团队文化、团队精神的重要内容，是团队形象的主要附着点。大凡国际化的企业，对于礼仪都有高标准的要求，都把礼仪作为企业文化的重要内容，同时也是获得国际认证的重要软件。

所以，学习礼仪，懂得礼仪，不仅是时代潮流，更是提升孩子竞争力的现实所需。

其实，很多家长也很注意孩子的礼仪培养，当孩子有不礼貌行为时，他们就会训斥、批评。

然而，不知道家长们有没有想过这样一个问题：孩子知道礼貌的概念是什么吗？他们能够分清什么行为是有礼貌的，什么行为又是没礼貌的吗？

一个5岁的女孩在被妈妈多次批评没礼貌之后，问妈妈：你老说我不懂礼貌，到底什么叫礼貌呀？

直到此时，妈妈才醒悟，一个刚5岁的孩子对于抽象的礼貌是不理解的，因而也无法要求她有礼貌的行为。

要想把孩子培养成彬彬有礼的小公主，第一步应该是告诉她什么是礼貌，为什么要讲礼貌。

哈尔滨的柳菲菲是一位品学兼优的学生，她的父母是这样教育她的：

在早期教育当中，他们除了开发孩子的智力外，也同步进行着文明行为的训练，培养孩子彬彬有礼的习惯。例如，在宴席上，如果孩子咳嗽了，他们会提醒孩子要对客人说"对不起"；饭桌上，孩子不小心把筷子掉在地上，他们抓住她的小手，一边轻轻拍打其手心，一边提醒她不许再犯；饭后，孩子要保姆替她取水，他们提醒孩子，不该随意让别人帮自己做事，若是非麻烦别人不可，一定要说"请""对不起""麻烦您""谢谢"等礼貌用语。

凡是见过柳菲菲的人都说她气质好、彬彬有礼，落落大方。这也是从小到大逐步养成的。从柳菲菲学会说话，能够听懂一些简单的提示和要求时起，父母就有意识地在各种场合，告诉孩子应该怎样做。比如早晨离开家时，要和家里人说"再见"，到了幼儿园要问"阿姨好""小朋友好"等等。柳菲菲是坐医院通勤车长大的，在通勤车上，叔叔阿姨们还教她学会了分辈儿，当她准确地称呼"爷爷""奶奶""叔叔""阿姨"时，那稚声稚气的样子着实惹人喜爱。

其实，柳菲菲父母的这些教育，许多父母都做了。为什么有的效果差些呢？原因有两个：

一是不能一以贯之地坚持下去；

　　二是父母对孩子要求是一回事，自己却未能以身示教，使孩子感到迷茫，不知如何是好。

　　所以说，我们要培养出一个礼貌周到的女孩，就要利用一切机会培养孩子讲礼貌的习惯，持之以恒，反复训练。

　　这里最重要的一点，就是父母要为孩子树立榜样。

　　古语说："己正而后能正人。"父母若要孩子礼貌待人，首先自己要做表率，父母对孩子的影响最直接、最深刻。父母的身教是对孩子最生动、最实际的教育。父母应充分利用家里来客的有利时机提醒孩子，给孩子示范，使孩子在亲身体验和实践中理解文明、礼貌、热情的含义，并通过父母的行为潜移默化地影响孩子，使孩子在耳濡目染的环境中，逐步形成礼貌待人的品德。

　　然后，我们需要使孩子知道，什么叫礼貌。

　　父母应该有意识地在不同场合、根据不同对象教给孩子具体的做法。如对长辈说话时要使用"您"，早上主动向认识的人问好；分别时要说"再见"；请求别人帮助时要用"请"；得到帮助后要说"谢谢"；对长者不能称呼姓名或叫老头，而要称呼"老爷爷""老奶奶""叔叔""阿姨"等；别人工作时不去打扰；不随便打断别人的谈话；不任意插嘴；家里来了客人要有礼貌地回答客人的问话；到别人家里不随意动东西……

　　接着，加强反复练习，使孩子养成自觉的礼貌行为。

　　好习惯的养成，不是靠说出来的，而必须通过不断的练习才能形成。在告诉孩子什么是礼貌之后，父母要创造条件，让孩子在多次重复的基础上，自觉地去做，习惯成自然。

　　比如，每天都要搭乘电梯好几次上下楼，可以教孩子一走进电梯先向开电梯的叔叔、阿姨或爷爷奶奶问好。别人帮着按了楼层，要说谢谢。离开电梯时，要向电梯里的人说再见。每天这样练习，他自然就会主动地问候了。另外，家长还可以让孩子去给邻居送信、水果等，教她如何敲门，怎样和叔叔、阿姨讲话等。

如果孩子出现了不礼貌行为，要及时制止。

让孩子明白，你愿意在她对你有礼貌时，答应她的要求，而不喜欢听到她命令你。

这当中要注意的是，你自己与孩子说话，也不要用命令的语气，因为，孩子的模仿力是极强的，父母就是他人生最重要的第一任老师。你应该经常对你的孩子说"请""谢谢"，让他明白礼貌用语是日常交流的一部分。

注意，我们还要对孩子的表现做出客观评价。

对孩子的行为做出评价，通常是刺激孩子学习的最佳催化剂。客人在时，父母对于孩子良好的表现可以表扬、鼓励；客人走后，父母也可以对孩子的表现做出评价，肯定做得好的地方，指出不足以及今后要注意的地方。

这里需要指出的是，孩子在接待客人中出现了失误，如打碎了茶杯、弄脏了饭桌，父母千万不要当面批评，要保护孩子的积极性，对待孩子的过失要重动机轻结果，要原谅孩子由于缺乏经验而出现的过失。

一个人生活在社会上，要想让别人尊重自己，首先要学会尊重别人。从小就让女孩知礼达理，能为孩子将来的社会交往铺垫好和谐融洽的气氛，能够使孩子轻松建立、保持、改善人际关系。这对女孩来说，将是莫大的裨益。

"鼓励"应该贯穿于教养子女的全过程。对那些已养成坏习惯的孩子，表扬就更为重要。父母应留心孩子的行为，尽可能地鼓励她的礼貌行为。

不过，要让孩子明白你为什么表扬她。你应该在表扬她的时候，具体说明你表扬她的原因。

这样，孩子才知道自己的好表现会得到你的肯定和鼓励，应该坚持下去。

通过天生模仿行为，改变孩子的无礼习惯

妈妈经常对女儿说的一句口头禅是："顾好自个儿，别的啥都别管。"

有一次，女儿在学校里跟同学吵架，挨了老师的批评，妈妈怒不可遏地冲到学校，骂了女儿的同学不说，还把老师大骂一顿，最后又与被骂同学的妈妈对骂好久。

自此以后，孩子在学校里越来越骄横、无人敢惹，得了个"小夜叉"的称号，而她的妈妈也被冠以"母夜叉"的"美誉"。

还有一次，母女俩在电视里看到一位热心人把一个被车撞倒的老人送到医院，最后却遭老人诬陷的故事，妈妈郑重地教

育孩子：“看到没有，好事不能做。”

可以预见，在这位母亲的言传身教之下，女儿长大以后会成为一个什么样的人。这种缺乏正确是非观念的教育方式无疑是错误的。

但是，父母自身拥有正确是非观念就能教出好孩子吗？那也未必，还要看父母以什么方式教育孩子。

子女可以从父母的模范行为中受到潜移默化的影响，吸取很多有益的营养。爸爸、妈妈毫无疑问地承担着培养孩子道德意识的责任。所有的育儿理论已经说了无数遍：父母实施教育的最有效的做法，就是自己给孩子做个表率。举个例子，如果某父母当着邻居的面大大地夸奖对方的孩子，而回到家关上门就说“这个小孩简直就是傻瓜一个”的时候，你还怎么能够让孩子成为一个品德良好的人呢。

孩子拥有超强的模仿力，当然，孩子的模仿力是一把双刃剑，孩子可能会模仿大人好的行为举止，也很可能会模仿大人不好的生活习惯，而决定孩子模仿好坏的还是大人。

所以，我们应该对自己的行为有一定的约束，改掉自己不好的行为和习惯，这样才能帮助孩子建立良好的内心，让孩子在反复模仿爸爸妈妈行为的同时，把自己养成自己懂礼数的好孩子。

有个9岁的女孩，正是活泼好动的年纪。一次，妈妈的朋友来家里玩，因为是夏天，天气比较热，这位女士赶快从冰箱中拿出西瓜招待客人。切开西瓜之后，孩子自己先拿了一块去吃了。因为西瓜切的块儿比较大，孩子不好拿，一不小心掉在了地上，妈妈因为忙着招待朋友，便对孩子说：“宝贝，将地上的西瓜扔到厨房的垃圾筐里，等会儿妈妈再擦地。"可女儿竟然置若罔闻，转身就去自己房间里玩了。

朋友走后，妈妈觉得女儿当时的表现很不礼貌，不管怎么样，在客人来家中的时候不应该这么无礼。她质问孩子为什么这样不听话，不将掉在地上的东西捡起来。女儿却理直气壮地说："那次在超市，你将超市的衣服弄到了地上，你也没有捡起来！"女儿委屈地继续说，"你能不捡起来，我为什么就不能。还有一次，爸爸带着叔叔来家里吃饭，妈妈先吃的！"

妈妈听完女儿的话，恍然大悟，后悔不已，原来女儿的这些行为都是在模仿自己，原来自己存在这么多的缺点。于是，妈妈没有再责备孩子，而是想到了改变自己。从那之后，妈妈每次都会将掉在地上的东西捡起来。在超市，发现别人将东西弄到了地上，她也会帮着捡起来。

这孩子家住在一栋家属楼里，同楼层住着好几户人家，他们共用着楼道、厕所和厨房，因此打扫公共卫生成了大家分内的事。从那天起，妈妈经常主动地打扫楼道、厨房、厕所的卫生，还特意买了刷子、纸篓等卫生用品，毫无怨言。

有一天，孩子又看见妈妈在打扫公共卫生，就对她说："妈妈，您真傻。自己掏钱买刷子、纸篓，让大家公用，还经常倒纸篓、扫楼道。这些别人都没干，您为什么那么积极呢？"妈妈乘机教育女儿："为大家服务是应该的！"孩子没再说话，可表情还是有些不服气。

有一天晚上，孩子在家里写作业，写着写着钢笔没有墨水了。她在家里找了一会儿，发现墨水已经用完了。此时天色已晚，商店早就关门了，怎么办呢？作业还没写完呢？孩子焦急地望着妈妈，妈妈也感到无可奈何。正好住在隔壁的阿姨来串门，知道孩子要用墨水，就立刻说："墨水用完了吗？哦，不要着急，我家有。"说完，赶忙走了出去，不一会儿，她拿来了一瓶墨水，笑着对她们说："这墨水你们先用着，等我们要用的时候再来拿。"

妈妈认为这是教育孩子的好机会，于是她故意对孩子说："这个阿姨真是太傻了，将墨水送给了别人，她能够得到什么好处呢？"听了妈妈的话，孩子愣住了，似乎一下子明白了一个道理，忙说："妈妈，阿姨是好人，这叫互相帮助。"

妈妈见孩子渐渐明白了其中的道理，非常高兴，又乘机说："孩子，你说得对，许阿姨身体不是很好，而且工作忙，每天早出晚归，非常辛苦；李阿姨家有个 3 岁的孩子，每天都忙得不可开交；赵奶奶年纪大了，儿女都在外边，没人照顾。远亲不如近邻，谁家有难处，我们应该伸出援助之手，尽量帮助他，而不能在一些小事上计较太多。"

听了妈妈的话，孩子惭愧地低下了头，红着脸说："妈妈，我错了，以前太没礼貌，太自私了，请您原谅。我以后一定要多帮助同学，决不让您失望。"

从那以后，女孩真的变了，彬彬有礼不说，还经常帮大家做一些力所能及的事。

俗话说："喊破嗓子，不如做个样子。"这完全可以用来比喻父母对孩子的身教。在这个世界上，孩子通过模仿而学习，他们的第一个模仿对象正是父母。

因此，家长要求孩子相信的，自己必须相信；要求孩子做到的，自己必须身体力行；要求孩子全面发展，自己先要活到老、学到老；要求孩子少年早立志，自己的人生就不能没有奋斗目标。

我们很难想象，一位终日喝酒、打牌、"筑方城"的父亲，或一位每天把大量时间花在穿戴打扮、逛商场上的母亲能给孩子做出勤奋学习的榜样；我们也很难想象，一对连自己父母都不愿赡养的爹妈能教会孩子关心和爱；我们同样很难想象，整天琢磨怎样占人便宜的父母能培养出孩子健全的社会属性……为了孩子检点自己的言行，为了孩子提高自身的修养，为了孩子以更加积极的态度对待生活，为了孩子努力去拓展自己有价值的人生，让孩子在自己身边学会做人，父母必须先修正自身，给孩子一个良好的榜样。

对于孩子的教育，很多家长都是摸着石头过河，根本没想那么多，不知道孩子会模仿自己所有的行为，

但是当爸爸妈妈无意之间发现自己的孩子没有遵循应有的礼貌的时候，应该明白自己的行为是什么样子的。如果自己存在类似的缺点，那么还是赶快要求自己改正吧。

通过孩子天生的模仿行为来改变孩子，其实这是一种很好的办法。

不压抑孩子个性，也可以把女儿变成现代淑女

　　淑女一词，最早出于《诗经·周南·关雎》篇："窈窕淑女，君子好逑。"

　　"淑女"指善良、美好、有修养的女子。《诗经》中的这一脍炙人口的句子，正好说明中国的传统文化中，淑女文化是其很重要的内容。尤其是在"野蛮、性自由"被一些人拿来当作新女性标签的时下，淑女气质和风范，更显得弥足珍贵。

　　事实上，很多父母在这方面并不操心，因为女孩不像男孩那样调皮捣蛋，她听话、懂事，似乎培养起来更容易一些。还有的家长自豪地说：

　　"我的女儿很听我的话。当别人送给她东西时，我让她说谢谢，她立马恭恭敬敬地道谢。"

　　"带着女儿去串门，她欺负人家的孩子。回家后我批评了她一顿，下次她再也不敢欺负人了。"

　　"有一次，女儿踩了小朋友的脚，连声对不起都没说。我当场就骂她不懂礼貌，从此她只要做错了，总会说声对不起。"

　　家长的这种方法看似很奏效，但是女儿是不是从心底真正接受了呢？这可不一定。

　　因为她没有把说"谢谢""对不起"这些礼貌行为看成是自身必备的，而是当成了父母所要求的，所以对培养她淑女气

质起不了多大的作用。

一次，沫沫家来了客人。妈妈正在和客人谈话时，沫沫突然跑到妈妈身边说："妈妈妈妈，刚才我看到楼下有一只狗，我好喜欢哦。你也给我买一只吧。"

妈妈非常不高兴地推开沫沫说："怎么这么不懂礼貌，没看到我和阿姨在谈话吗？下次不准打断别人谈话！"

沫沫低下头走出了房间，但是她还是弄不明白："为什么我不能打断别人的谈话？我和小朋友说话的时候，妈妈为什么就能打断？妈妈不让我说话我就不说好了，有什么了不起的！"

由此可见，用粗鲁的批评方式教育孩子懂礼貌，表面上起到了很好的效果，但是并没有深入女儿的内心深处。那么，父母怎么教育女儿懂礼貌，才能深入女儿内心，培养她的淑女行为？这要从言谈举止上入手。

对于女孩来说，彬彬有礼的举止、得体的谈吐会赢得所有人的好感，这也是小淑女的必备条件。

所以，平时我们可以多带女儿串串门儿，或请客人来家里坐坐，并在去之前向女儿介绍造访或来访的对象，让女儿有充分的心理准备，消除陌生感。经常与大人接触的小孩，会被大人之间的礼貌交往所影响，既能增强自信，开拓视野，也能学会与人交往，进而成为举止得体、落落大方的小淑女。

当然，我们还要注重自身形象。要知道，女孩善于模仿别人，而父母是女儿很好的模仿对象。所以，父母要想把女儿培养成一个举止得体的小淑女，就应该先做一个举止得体的绅士和淑女。

需要强调的是，父母不要强制女儿懂礼貌。有的家长看到自己的女儿不懂礼貌，就非常严厉地教训女儿说："你这样是不对的，太不懂礼貌了，下次不准这样！"这种做法看上去效果似乎十分明显，但是女儿却很难真正从内心接受。她只不过是被父母的呵斥吓住了，被迫按照大人的意思执行。所以，我们不要过于粗暴、严厉地对待女儿讲礼貌的问题，而应该多跟她沟通，把道理说给她听。通过讲道理来告诉女儿礼貌待人的意义，女儿会真心地接受你的建议，自然也就会养成礼貌待人的淑女习惯了。

教养的秘密

让女孩的行为举止淑女化，并不是要压制女孩的个性发展。她可以爽朗率真有个性，却不能举止粗鲁无礼节。

我们不能期望让所有女孩都文静，但必须要求女孩行为别放纵。

毕竟，优秀的女孩儿须有良好的品德修养，任何时代都需要这种风度和气派。

提示和表扬，轻松培育女孩优雅气场

当一个女孩的行为举止足够优雅之后，不仅让女孩看上去有柔性、大气、得体之美，更为女孩成长为小淑女奠定了最强有力的基础。进入成人世界的我们更是深深明白，举止优雅将会为长大后的女孩子带来怎样的无穷魅力。

但在现实生活中，很多性格外向的女孩子，却给父母带来了众多关于"举止优雅"教育的挑战。

一位母亲一语中的地道出了自己的忧愁："人家小姑娘说话轻轻地，衣服穿得干干净净，但我女儿就是个'皮大王'。唱歌大喊大叫，把玩具弄得'身首异处'，喜欢和男孩子在一起疯，小裙子上总是脏兮兮的。我怎样才能培养出一个小淑女？"

如果一个女孩，处处尽显如男孩一般的阳刚之气，像男孩一样好动、淘气，这的确是让父母感到头疼的一件事情。如果母亲顺其自然，那孩子势必会变得日益失去女孩子的风范，毫无优雅可言；如果母亲严加管束，又极有可能会扼杀孩子的天性。

女儿那些不太合适的言谈举止，我们更应该反思出现这种情况的原因！不少家长说，都是跟儿童节目学的，像"你给我闭嘴""你是我老板吗？"这样随便对大人回嘴谩骂的话，充斥在现在的儿童节目中。但我们要反省的是，冰冻三尺，非一日之寒，当你的女儿第一次说这样的话时，我们是及时制止，还是一笑了之或不予理睬？有时候，我们在善意与不知不觉中，其实助长了无礼与粗鲁。

当你的女儿的行为不够得体的时候，父母们可以通过提高她们的情绪管理与沟通的能力，来达到有礼貌的目的。也许她们并不是不想去做，而是常管不住自己，或者是表达有些问题，词不达意，才出现了这种情况。

不过，无论什么时候，父母的以身作则永远是最重要的。潜移默化中，教孩子要懂得礼貌，即便她一时不理解"尊敬""谦让"等概念的确切含义，但只要父母每天都用尊敬、谦让的态度对待别人，孩子就会注意并进行模仿，这些都是孩子今后形成良好家教的基础。

另外，当你的女儿行为举止表现得像男孩一样粗犷时，爸爸妈妈要及时制止并加以纠正。

爸爸妈妈要教育女儿，与人交往要表现出对他人的尊重、理解和善意，要面带自然微笑，千万不要出现随便剔牙、掏耳、挖鼻、搔痒、抠脚等不良习惯动作。

爸爸妈妈要让女儿养成使用文明礼貌用语的好习惯，如经常说"您好、谢谢、请、对不起、没关系"等。爸爸妈妈还应告诉女儿，沉默寡言、啰唆重复，都是不正确的语言表达方式。

事实上，孩子的一些粗鲁行为，往往是因为不知这样不好，而不是故意"惹事"。所以，如果父母此时粗暴呵斥，明令禁止，往往会使孩子感到委屈，产生厌烦情绪。

因此，想让孩子自觉举止优雅，最好的方法是——提示和表扬她。

一位年轻母亲带女儿去同事家做客前，她用轻声对女儿说："宝贝，我们到阿姨家的时候，如果你能主动和她握手，并且吃饭的时候为阿姨拉出凳子，等阿姨先吃，我们都会为你感到骄傲。"女儿果然做得非常好。

做客回来以后，母亲马上表扬了女儿："我和阿姨今天都为你感到高兴，阿姨说她非常喜欢你，你是个优雅的小淑女。"

女儿从此以后，总是以淑女的标准要求自己。

一般来说，当父母对女儿有所提示，女儿往往把父母的期许放在心里，并努力朝着父母的期许努力。而父母及时的赞赏，则可以让孩子将这种期许坚持下去。经常提示和表扬孩子，慢慢你就会发现，你的女儿，已经不需要提示，只需要表扬了。

行为是修养的外衣，一个有教养的女孩身上必定有良好的行为举止。

相反，一个缺乏教养的女孩在别人眼中，即使她坦率耿直，也会被视为"大大咧咧"。

行为决定人际关系，你想让自己的女儿朋友多一点，今后的路好走一些，就抓紧时间培养她的优雅行为和气质吧。

教养的秘密

父母向孩子提示优雅举止时，不要用教训、命令的口吻，而是要循循善诱、谆谆教导。

比如，如果你想说"你怎么这样没礼貌，把放在茶几上的腿拿下来！"

你可以换种方式这样说："我们家的规矩是，看电视时腿不能放在茶几上。"

这样孩子才容易接受，因为你是在讲规矩，而不是在批评她。

当优雅举止成为女孩的一种自觉习惯时，女孩的淑女气质也就形成了。

站在孩子的角度上，规范她的卫生习惯

个人卫生看起来是一件微不足道的小事，但却能反映出一个人的精神面貌和生活情趣。不讲究个人卫生的孩子，既会降低生活质量，也不能获得精神上的自由和快乐。

小女孩儿不像小男孩那样，马马虎虎，懒惰成性，每天光是催促他们换衣服洗脸，家长都要花费很大的力气。小女孩从小就知道"臭美"，经常会自动提出要求，要穿某一条漂亮的裙子上学，还喜欢学着妈妈的样儿，在镜子面前比画来比画去。所以妈妈要做的，就是要针对孩子容易忽视的问题，给她们提出一些细致的要求。

比如，要勤洗澡，把指甲修剪干净，每天要洗漱之后再上床睡觉等。有一点需要提醒妈妈们注意的是，女孩子不但光要在外面穿得整洁美丽，内衣内裤同样也要保持干净舒适。我们可以给女儿买一些纯棉的、浅色的内衣，引导女孩子从爱美开始，全方位地关爱和保护自己。

良好的卫生习惯，不仅仅在于把自己上下收拾的干净利索，而维护好周围环境的整洁，也是每个女孩应该做到的事情。

小倩12岁，已经上小学6年级了。妈妈认为女儿应该自己洗衣服了，于是在一个周末，小倩把脏衣服抱给妈妈时，妈

妈拒绝了，并要求她自己洗，小倩不高兴地把衣服扔在洗衣机旁，转身就要走。妈妈把她拉到洗衣机旁，强迫她把衣服洗了。然而第二周，小倩又把脏衣服扔在了洗衣机旁，怎么也不肯洗衣服。妈妈真有点拿她没办法了，只好自己一边洗一边数落小倩："都12岁了，还什么也不知道干！衣服不洗，房间不知道收拾，你说你还能干点什么？"

这位母亲明显地高估了孩子的自制能力和自觉性。孩子的自控能力较差，常出现一些小毛病，而家长"不要这样""必须那样"的单纯说教，这很容易引起孩子的厌烦。因此，家长可以为孩子建立一套行之有效的行为规则，作为孩子判断自己行为的依据，以此来约束自己的行为，并逐步帮助孩子培养成良好的习惯。

家长在制定规则时，要考虑三项要点：明确、合理、可行。举例来说，若想让孩子学会整理房间，可定出以下规则：一星期整理房间一次，这句话就不够明确。明确的要求应该是：

每星期六中午之前，把房间打扫干净。

检查事项：

所有的脏衣服都放在洗衣篮里；

家具擦干净；

地毯用吸尘器吸过；

所有的玩具都放到玩具箱里；

干净衣服都整理好。

站在孩子的角度检查你制定的规则。"房间整理干净"这句话可能显得模糊不清。对孩子来说，这项任务可能难如登天。检查项目应该列出明确步骤，而且一次只做一项。

用规则来约束孩子是个切实可行的办法，它对于培养孩子的自觉性是非常有效的。另外，还可以再制定一个奖惩制度。比如，如果孩子严格地按照规则去做了，工作效果不错的话，她就可以获得一个奖品；而如果孩子"玩忽职守"，没有完全按照规则去做，那么就要受到一定的处罚（增加任务量或重做一遍），这样孩子就会慢慢地学会自我约束。玩具书本随手乱丢，房间弄得乱七八糟等现象，慢慢就会杜绝。

需要强调的是，不要要求孩子一下子就变个模样，做任何事情都有一个过程。我们首先要让孩子知道需要做到什么样子？怎样才算是干净整洁？慢慢地，她就会理解你的意思，做到你所希望的样子了。

教养的秘密

父母在教育孩子时，常常都是"去洗手……去洗澡"这样的命令口气，但对于小女孩来说，她并不明白为什么要那样做。

所以教孩子做每一件事，都要给她讲明道理，要让她真正明白为什么要做这些事情，最好是可以亲身示范，言传身教，孩子才记得牢靠。

不强迫孩子说"谢谢"，让孩子懂得说"谢谢"

一个周六的傍晚，敏儿妈和往常一样在厨房忙碌，而敏儿正在电脑桌前敲打着键盘，玩得不亦乐乎。

忽然，手机铃声大作。敏儿妈正忙着烧菜，就叫敏儿接电话。敏儿接起电话，心不在焉地敷衍了几句，便挂断了电话，她显得很不高兴，嘴里嘀咕着："以后别叫我接电话！这么费劲！……"妈妈立刻猜到：是敏儿奶奶打电话来了。

敏儿的爷爷奶奶住在外省。由于工作繁忙路途遥远，敏儿爸妈一年只能回家探亲一次。因此，电话就成了一家人沟通联络的纽带。敏儿奶奶是一个心思细腻、对小辈呵护备至的人，每个周末，她都要和孩子们通一次电话。而电话多半是她先打过来——她似乎总等不及孩子们要去的电话。一周的时间，对于她来说，太长了。每次来电，奶奶都要对敏儿嘘寒问暖，吃喝拉撒，她样样过问，事事关心。

刚才，一定是敏儿嫌奶奶太唠叨了。

此时，敏儿正噘着嘴向书房走去，妈妈走过去拉住了她。

"刚才是谁打的电话？"妈妈压住性子明知故问。

敏儿很不耐烦："还会有谁？奶奶呗！啰里啰唆，又没有什么事情！"

"奶奶在电话里和你讲什么？"妈妈再一次明知故问。

"还不是每次都一样？什么'早饭一定要吃好！''晚上

要早点睡觉！'什么'在学校上课累不累？''放学后打球吗？''长胖点了吗？'……哎呀，真是烦死了，不说了！"敏儿越说越不耐烦，挣脱妈妈的手朝书房走去。

妈妈看到女儿这样，觉得一定要好好教育孩子了。

不懂感激的女孩，她感悟不到别人对自己的好，她因此也无法领略被人关爱的快乐，同时，因为不懂感激，那些曾经关爱她的人也会心生怨气，日渐远去。

女孩如果在待人接物时不能怀有感激之心，那么就无法建立和谐、融洽、温馨的人际关系。

不懂感激的女孩，不会幸福。

然而，如敏儿这样的孩子却并不在少数。现在的孩子很难体会到长辈的爱心，很多父母都在叹息："现在的孩子太少感激之情了，连一句谢谢都不会说。"

那么，爸爸妈妈们是否知道，孩子们为何吝啬说谢谢？

说到底，还是家庭原因。

孩子不懂礼貌并不是天生的，而是后天养成的。家长有礼貌，家人相互之间讲礼貌，他们再要求孩子讲礼貌，孩子一般都不会很难开口说"谢谢"；如果家长自己平常都不说一些类似"谢谢"的礼貌用语，反而告诉孩子要说"谢谢"，这确实有点强人所难。

另外，有些家长对孩子"不道谢"的行为睁一只眼、闭一只眼，认为都是小事儿，没必要较真，孩子就觉得自己的行为没问题，往后的行为可能会变得更出格。

第三，很多家长在教育上都存在一定的误区：

关键是，很多父母在引导孩子说谢谢时，都没有告诉孩子原因——为什么要谢谢，所以孩子只是机械地重复家长的语言，不明白其中的意思。

很多父母在孩子说了"谢谢"或者表达过感谢以后，依然重复地让孩子说"谢谢，谢谢"。这样画蛇添足，容易影响孩子对谢谢的理解或者引起孩子的逆反心理。

在地铁上看到过这样一幕：

一位妈妈带着孩子坐地铁，女孩大概三四岁的样子，因为地铁上没有空座，妈妈就带着孩子来到车厢连接处，一手牵着女儿，一手自顾自地刷手机。

这个时候，一位好心的美女站了起来，对那位妈妈说道："姐姐，你带孩子坐这里吧，小心点孩子别摔到。"

这位妈妈一边连连称谢，一边对孩子说："快，谢谢漂亮阿姨，阿姨给你让座位了。"

然而，孩子眨了眨大眼睛，并不吭声，好像没听到一样。

这时妈妈有点尴尬了，连忙推了推孩子，催促道："快点，快跟阿姨说谢谢，你的礼貌呢？快说……"

在妈妈的强行要求下，女孩木讷地说了声："谢谢。"从始至终，头都没抬，

听孩子说了谢谢，妈妈才心满意足地点了点头："小宝，真乖！"

可能很多父母觉得，这位妈妈的做法没什么问题啊。但是你错了！这位妈妈的做法很有问题。

——父母不应该强行逼迫孩子说谢谢。年龄小的孩子，是非概念不是很清晰，自我意识又占主导位置，他们的很多言行较难控制，这就需要做父母的在这个阶段具备很多的耐心，适

时加以引导，孩子才会慢慢改观。

相反，在孩子因为种种原因，不愿意主动说"谢谢"的时候，如果父母强迫他就范，那么孩子给出的就是一个没有感情色彩的反馈动作，他们的内心领悟不到真正的感谢是什么。他们甚至还会因此产生逆反心理和反叛情绪。

这样教孩子说谢谢，真的不如不教。

要知道，给予孩子帮助的人，需要的是一份真诚的谢意而不是标准式的敷衍。

要知道，家长教孩子说谢谢的初衷，是为了让孩子懂得由衷地感谢他人，而不是机械化地走完一个看似礼貌的流程。

所以，我们是不是应该反思一下自己平时的做法呢？

优优从小就非常懂事。有一次优优父母有急事，托朋友去辅导班接一下优优。

辅导班门口，优优对着送学生出来的老师深深地鞠了一躬，看着老师认真地说："老师您辛苦了，非常感谢您。"

朋友看到，那位老师嘴角荡起了微笑，很柔，很真，她甜美地笑着说："不用谢，也谢谢优优让老师感到很温暖。"

朋友当时很惊讶，这孩子真的太令人刮目相看了！

一般情况下，就算是懂礼貌的孩子，也就是和老师道声谢，说句再见，便和父母一起离开了。像优优这样，用这么有仪式感的行为像老师表达谢意，朋友还是头一次见到。

朋友决定向孩子取取经，问问她爸爸妈妈是怎样教她的，留作以后育儿之用。

于是在送优优回去的路上，那位朋友问她："优优，你今天向老师表达感谢的方式很特别啊，非常棒！能告诉阿姨你是怎么想到的吗？"

优优停下来，抬头看着对方的眼睛说："爸爸妈妈告诉我，和别人说话时一定要看着别人的眼睛，这样才表示真诚与尊重。老师教会了我很多破解难题的方法，我很想感谢她，但我觉得只说谢谢，还不足够表达我的感激之情。爸爸说，你可以送给老师一些小礼物；妈妈说，你可以拥抱老师，也可以给老师鞠躬。你喜欢哪种方式就用哪种方式。"

"我送过老师一张自己制作的贺卡，也拥抱过老师，但我觉得还是不够，于是我就想到了鞠躬。"

听完优优的话，朋友对这个孩子更加刮目相看了，我们习以为常的一句简单"谢谢"，都能被这孩子赋予那么多的意义，不用想，这一定和父母平时身体力行潜移默化的引导是分不开的。

那么，回到我们的生活中，我们应该怎样一步一步将真挚的感激之情，植根在女儿心中呢？

给大家提几点建议：

第一，引导孩子由衷地热爱父母、敬爱长辈，喜欢老师和班中的同学。教会她们感激爸爸妈妈和老师们对自己的爱、对自己的教育和帮助，并鼓励她们采取一些方式来表达自己的感激之情，比如说，教师节给老师送张贺卡；帮助爸爸妈妈干家务等等。

第二，引导孩子尊重周围的劳动者，让孩子明白，是他们为社会做出的贡献，才使我们拥有了良好的学习和生活环境。千万不要对孩子说，"你不好好学习，长大就像他一样"一类的话，不要让孩子从小就戴着有色眼镜看人。

第三，让孩子多参加集体活动。现在的绝大多数女孩都是独生子女，从小就是衣来伸手、饭来张口，她们已经习惯了爸爸妈妈的照顾，并且觉得这是应该的，凡事以自我为中心，不懂得感激他人。这样的孩子在集体活动中很难和同龄伙伴和睦相处，也不懂得感谢别人为自己做的事。不过，让她们在集体活动、集体交往中碰几次钉子，她们自然就会意识到要想到他人、要感谢他人，她们会逐渐在活动中获得与他人相处的经验。

教养的秘密

"谢谢"二字，看似只是个简单的敬语，但其实背后蕴含着最起码的感恩，最基本的是非观念，以及最直白的责任教育。

爸爸妈妈有义务也有责任，从小在孩子内心播下"感激"的种子，这样才能让孩子说敬语的习惯像植物一样自然生长。

孩子知错才会认错，认错才会改错

孩子缺乏是非观念，自我控制能力差，通常不能正确认识到自己的错误。加上责任意识不足，通常在做错事后不懂得如何道歉。

这时候，一些父母会以强迫的方式逼孩子说"对不起"，但实际上，这样做并不能让孩子完全认识到自己的错误。

有一位英国妈妈丽莎，她永远不会逼迫孩子去道歉，无论孩子是对还是错。她这种不纠正孩子行为的教育方法在很多家长看来非常不可理解。但据丽莎自己说，这是作为母亲教养孩子最正确的育儿法——不刻意要求女儿跟别人说对不起。

首先要说明的是，丽莎的女儿阿蜜莉雅是一位彬彬有礼的小淑女。她非常有礼貌，在邻居中常常获得好评。大多数情况下，这是个非常善良，绝不会给别人造成伤害的女孩子。

然而有一天，阿蜜莉雅告诉丽莎，她把从教室图书角借来的书给弄丢了，因为图书角的书籍是自由取阅，不需要进行登记的，即使丢了也查不出是谁干的，阿蜜莉雅害怕遭到老师责备，所以没有将这件事告诉老师。

在接下来的几个星期里，阿蜜莉雅脸上的笑容消失了，她终日惶惶不安，隔着房门，丽莎都能听到阿蜜莉雅的叹气声。最后，在良心谴责下，阿蜜莉雅将这件事告诉了丽莎。

丽莎听完阿蜜莉雅的话，并没有马上对事情下定论，更没有马上逼迫阿蜜莉雅去跟老师坦白、道歉，反而跟阿蜜莉雅闲聊起来。

丽莎询问阿蜜莉雅最近的心情，阿蜜莉雅垂头丧气地告诉丽莎，说自己非常烦恼，也很内疚。于是，丽莎问阿蜜莉雅，为了让你的心情能变得舒畅，你觉得怎么做比较好？我觉得这才是你要考虑的事，唉声叹气改变不了任何现状。

阿蜜莉雅关上门想了一晚上，第二天她将情况告诉了老师，并表示愿意通过工作进行赔偿。老师欣然应允了。

这事就这样简简单单过去了。丽莎说因为阿蜜莉雅本身就对丢书的事感到无比内疚，所以自己没必要去火上浇油。"她为自己犯下的错承受着痛苦，所以我才问她，为了不让自己痛苦下去，采取什么样的措施能让事情变好？我知道她最终还是会选择道歉的，所以不会刻意去逼迫她做这样的事。"

丽莎的教子手段很新奇，但又在情理之中。一个孩子如果被逼迫着去道歉，哪怕他暂时低头了，也根本起不到教育作用，倒不如让孩子自觉去做自己该做的事。

丽莎的方法其实很值得我们借鉴，当女儿犯错时，我们不妨分阶段引导孩子主动去道歉，这样既能够帮助孩子明白自己的行为对别人有什么影响，也能够让她学会如何补救自己的过失：

首先，当孩子做错事时，譬如与小伙伴吵架，先不要急着让孩子去道歉，先让她平静下来。如果在孩子愤怒时强迫她去道歉，很有可能会激起孩子的逆反心理。

待孩子平静下来以后，父母以平和的语气和她讨论刚才发生的事情，并回顾孩子曾经受到伤害的情景，让孩子感同身受，问她："还记得上次苗苗冲你发脾气，你很生气很伤心吗？刚才你那样对乐乐，她现在也一定很伤心呢。"让孩子明白她的行为给别人造成的伤害。这能激起孩子的愧疚心理，使她在将来遇到类似的事情时能做出更好的处理。

接下来，爸爸妈妈要做的就是引导孩子想出补救错误的方法。比如，可以问孩子："如果下次再发生那样的事情，你会怎么做呢？"让孩子自己想出合适的方法远比父母的说教效果更好。

————————— 教养的秘密 —————————

当孩子犯错时，父母首先应该明白，让孩子说"对不起"，其意义不只在于道歉，而是让她学会为自己的错误承担责任。

孩子有时会抗拒道歉，这是因为她需要一种认可——尽管我做错了事，但我并不是坏孩子，爸爸妈妈还是爱我的。

CHAPTER 07

好性格成就好未来，
请把女孩的心境经营成美丽的花海

没有良好的性格，显然不可能得到最好的行动结果，甚至会让能力大受挫折。

道理很简单，拥有不好的性格，就会做出不好的事情，就会产生相应的错误，就会有不好的结局。从这个层面上说，培养了女孩的良好性格，也就建设了女孩的优质人生，改变女孩性格中的缺陷，也就改善了女孩的未来局面。

什么是好性格，不取决于父母的裁决

世界上没有两片相同的树叶，同样的，人的性格也是各有千秋的。有人性格外向，有人则很内向。

武琪不太喜欢和同学们一起玩耍，因为，她总觉得和大家在一起游戏是一件很幼稚的事情，她认为倒不如自己看书或是独自去郊游来得自在、惬意。她特别欣赏武侠小说里面的那些独来独往的古代侠女，武琪欣赏她们那种自由自在、不受任何束缚的生活。她也希望自己能够有侠女般的气质。

可是，武琪妈妈可不认为这种独来独往的性格是个好现象，她觉得，孩子必须得和伙伴们一起玩闹、一起交往，才是正常的，像武琪这样的性格太过孤僻，妈妈经常对武琪说："你不要这么不合群，应该多和朋友在一起玩，一起谈心，这样的生活态度才是积极的，像你这样老是关起门来，一个人待着，会越来越怪异的。"

武琪每每听到妈妈的这番话，总是冷冷地回绝："我喜欢这样一个人安静地待着，我觉得这样很好。我喜欢如此。"

面对孩子的固执，母亲几乎是无计可施了。那天，母亲单位组织到外地去旅游，妈妈想带着武琪一块儿去，因为，这次旅游会有许多和武琪同龄的孩子一同前往，妈妈觉得这是一次好机会，可以让武琪多接触一些朋友。但武琪还是拒绝了妈妈的安排："不，我不去，和一群孩子在一起多没劲呀。"

妈妈问道："你自己不也是孩子吗？"

武琪摆摆手："反正我是不去的，我再次申明我喜欢独自一人。"

妈妈无可奈何地叹了一口气："唉，你怎么这么喜欢闹别扭呀！"

成人的性格往往在孩童时期就已经形成，所以，生活中和故事里的武琪性格相近的孩子并不鲜见。多数父母都希望自己的孩子处世积极、性格活泼。因此，许多性格内向孩子的妈妈都为孩子忧心忡忡。有些妈妈还会因为孩子的这种个性而责备孩子："怎么整天死气沉沉的？""整天就像个老太太一样没精打采"……然而，这种方法却很难奏效，因为越加责备，就越容易使孩子畏缩、消极，造成孩子心理上的负担。尤其是以命令的口气说话，将对孩子造成很大的负面影响。

9岁的陆佳佳在班里有个外号——小喇叭，一到下课，第一个冲出教室的一定是她。翻单杠、爬云梯，那些男孩都不敢玩的器械陆佳佳通通不惧怕。

一天，原本蹦蹦跳跳的陆佳佳突然变得稳重起来，做事慢条斯理。下课时，她走在全班同学后面，课间活动时，别人在一旁玩耍，她却安静地坐在台阶上看。

当老师问她怎么了时，她从口袋里掏出一枚生鸡蛋，告诉老师："妈妈告诉我不能弄破它。以后我要做淑女了。"

让女儿每日揣个生鸡蛋，就能培养孩子的淑女气质吗？这种教育孩子的方法正确吗？想必所有看完故事的女孩的父母们，都会发出这样的疑问。

父母们的担心是正确的。用强制的手段，硬让一个性格外向、精力充沛的孩子，变成一个安静的小淑女，并不是一个好的办法。这不仅不利于孩子的身心发展，也遏制和破坏了孩子童年的快乐。

此外，淑女的含义除了稳重外还包括知识、礼节、宽容、善良等等，这也不是一个生鸡蛋所能解决的。

每个女孩都是不一样的，有的女孩子天性好静，有的则天性好动。因此，要想将自己的小公主培养成真正的小淑女，妈妈们最少要准备两套方案：当女孩沉静内向，你可以选择把她培养成一个温和、优雅的公主；当女孩外向活泼，你可以选择把她培养成一个开朗、精力旺盛的淑女。妈妈想要有一个好女孩，最好从孩子的性格出发，从她的一举一动开始培养，让她成为一个身心健康的淑女。

教养的秘密

培养孩子的良好个性，不是逼迫孩子必须和父母自己认为的优秀性格达成一致。

父母应该鼓励孩子拥有自己的个性。但要让孩子理解，人不是个体的，而是社会的，人不需要刻意去改变自己的个性，但必须适应环境，适应社会，孩子有了这样的认知，她们自然会做出相应的改变。

给予有限自由，释放女孩的主动性

当今社会大多数家庭的中心都在孩子身上。父母们对于孩子的关怀无微不至，每天要吃些什么、穿什么衣服，几点钟学习、几点钟练琴、几点钟睡觉，都要按部就班地安排好。

做家长的，认为自己对孩子该操的心都操到了，孩子在无忧无虑的幸福生活里，只管好好学习就是了。然而，在孩子们的心里，又是怎样想的呢？

在一辆公交汽车上，一群初中女生在叽叽喳喳地交谈着。

一位女孩大谈她在家里很幸福，引得众女生们羡慕不已。其实，她的幸福仅是在家里敢说"不"字！可以在听音乐时或在卫生间里大喊大叫，父母对她的生活与学习基本上放手，给予充分的信任。

而另一个女生，则是每晚 9 时晚自习结束回家后被逼着要继续学习，妈妈在旁边守着，爸爸则每晚 10 时准时送荷包蛋进来，她心里哪怕有一千个不想吃的念头，但一看到父母期待的目光，就得咬牙咽下去，但内心里却苦死了。父母对她太好了，好得让她感到压抑，喘不过气来……

其实，在衣食无忧的情况下，孩子们渴望的幸福很简单：那就是给予她一定的自由空间和理解信任。

调查结果表明，容易出现心理问题的学生往往是那些备受呵护、成绩较好的孩子。其原因就是，这些好孩子长期生活在太多的"应该"里，失去了"我喜欢""我要"的权利。在那种压抑、紧张、封闭的氛围中生活，孩子容易产生不满意、焦虑、厌恶等否定情绪，家长以为自己给孩子的是关爱，但在孩子的心中却只想逃离。

尽管，父母的用意是好的，但是如果我们把女儿能自由支配的时间全部规定得死死的，孩子看上去一刻都不闲着，那么我们的女儿永远也长不大。为什么呢？因为一个真正长大的孩子，她是一个独立的孩子，她能成为主人。主人就必须有自由，她能够按照她的需求来安排她的生活。

为什么我们的女儿有时对事情缺乏热情？这就是她的自由时间太少了，她内心的情感不能释放，她那种主动性没有激发出来，所以她是被动的。一天 24 小时都是大人给安排，什么时候上课，什么时候上自习，什么时候写作业，什么时候睡觉，没有自主性。没有自主性的生活，孩子不可能有热情。

父母都希望孩子能按照自己的要求安排时间，都希望孩子的生活没有危险，但是，如果我们控制了孩子所有的时间，也就意味着控制了孩子的生活、快乐和意志，这样给孩子带来的必然是被剥夺自由的痛苦。连自由都被剥夺的人，我们还能指望她独立、有思想、有创新吗？

有些家长会认为，孩子的自我控制能力差，一自由就"散"了，父母再也不好管理了。但是事实又如何呢？

有一位母亲，在女儿上小学前，曾系统地为孩子制订了一份生活计划，每天的上学时间、学习时间、吃饭时间、运动时间、阅读时间、游戏时间等都安排得井井有条。

　　刚开始，孩子对这样的安排还非常感兴趣，完全按照母亲画定的"框"去装内容，但两个星期之后，孩子再也不想按照母亲制订的生活计划去执行了，母亲强迫其执行她总是一副愁眉苦脸状，完成的效果也不如以前。

　　看到这种情况，母亲经过冷静思考后，觉得不能这样死板地要求孩子，必须给她一些自由，于是，对于按时起床、睡觉、做家庭作业等必须执行外，其余的项目不再作强制性要求。由孩子自己去支配，做好作业后可以看少儿节目，也可以自己上网下载少儿动画。

　　计划调整后，孩子的学习兴趣又来了，每天一回家就自觉地做作业，做完作业就看少儿节目，星期天还经常约同学去玩溜冰什么的。孩子在学校里的表现和成绩都不错，更重要的是，孩子是一个自由人。

　　给予孩子自由支配的时间，意味着孩子具有了热情地实现自我、用创造性的方法表达自我的机会。剥夺孩子的自由支配时间，实际上是在剥夺孩子成长和发展的机会。对城市独生子女的调查表明，有更多自由支配时间的独生子女，自信心更强，并且比自由时间较少的孩子有更强烈的成功欲望。所以说，父母们应该转变观念了。

　　父母们应该认识到，任何事物都有其自身的发展规律，孩子的发展在于自身，而不是我们能够完全决定和左右的。

教养的秘密

　　自由是每一个人都需要的，每一个孩子也都需要自由。

　　但自由不是无边无际的，自由是要受到一些制约的。

给孩子自由，但不能够让孩子随意地滑向任何一个方向，一定要给她立下警示标，此路不通。在给孩子自由的同时，父母可以给她制定一些规则，让她明白任何自由都应该是和责任相对应的。

解决拖延的成因，女孩自然不磨蹭

客观地说，对于日常生活而言，拖延未必就等于误事。

然而，如果孩子们从小就一味拖延，不仅会将大量的时间浪费在无益的事情上，而且会严重影响他们在人生发展中的创新和求精能力。而且，假如我们的女儿将这种习惯发展蔓延，等到她长大成人以后，她的生活热情不会很高，她很难具备积极的心态，最终她可能会变得懒散、麻木，失去努力的热情。虽然拖延这一习惯常表现在一些小事上，但日积月累，同样会成为阻碍她人生发展的绊脚石。

"今天晚上一定要把稿子写完！"杂志社实习编辑何丽丹一回到家便开始"信誓旦旦"。这时，离交稿日期还有一个晚上的时间。其实，要撰写一篇2000多字的稿件，一个晚上的时间绝对是绰绰有余的。那我们就看看何丽丹是怎样安排时间的。

她首先打开word文档，然后给自己泡上一杯咖啡，她准备开始写了。但这时，她发现微博上有信息更新，于是打开微博，巨细地查看大家都发了些什么好玩的。当她关闭微博页面以后，时针已经指向了 8 点。

"该吃饭了。"何丽丹心里想着，然后打电话叫了一份外卖，一边等待，一边写着稿子。没多久，外卖送来了，何丽丹借着吃饭的空打开了邮箱。其中有几份是团购广告，嗯，这个餐厅不错，KTV 也不错，适合在周末和姐们小聚。于是吃完饭，她又给几个朋友打了电话，最终在征询朋友们的意见以后，购了几张优惠券。

咦，这个声音，隔壁那对小情侣是在看《霍元甲》吗？还差两集就看完了，我不如把它看完再写吧。这样想着，何丽丹又打开了爱奇艺……《霍元甲》看完总该写稿了吧？然而这时何丽丹又发现，家里的水果吃完了，于是下楼去买了些水果，顺便买了本时尚杂志，一边吃水果，一遍津津有味地看杂志……

杂志浏览完了，何丽丹开始写了，但她又觉得缺乏灵感，于是她又开始疯狂地刷微博、逛淘宝、看"知乎"，等她觉得必须定下心来写东西时，已经是凌晨两点半了，而 word 文档里只有 573 个字符。

这种拖延的坏习惯从小时候起就已经开始跟随何丽丹了，那时她的父母都觉得这只是小问题，不会影响学习，但现在，他们的孩子吃足了拖延的苦头：虽然何丽丹的文采不逊于任何人，但每次都是最后一个交稿子的。主编的语气里已经明显带有不满了，她自己也曾发誓不再拖延，但实际上总是不争气地一犯再犯。以目前的情况来看，她很可能会失去这个心爱的工作。

宇宙有惯性定律。什么事情一旦拖延了，就总是会拖延，但一旦开始行动，通常就会一直做到底，所以，作为家长我们首先要明白，凡事行动就是成功的一半，并且要帮助孩子深刻认识到这一点。想要帮助女儿改掉拖延的恶习，父母们就要先明白拖延的成因，然后对症下药。

原因一——心理因素。

造成孩子拖延的心理因素细说起来有很多，但总结起来就是一条——凡事拖拉的孩子，通常不痛快。

诸多家庭实例已表明，凡事拖延的孩子，往往有一个性格急躁、期望值高和控制欲强的父母。在教育孩子的过程中，这些父母总是在给孩子施压，不断地在"督促"和"强制"孩子完成他们给孩子定下的目标，根本不给孩子选择的机会。面对如此强势的父母，孩子往往会产生很深的无助感，最后只能选择将拖沓作为无意识隐性对抗语言，在心里不断给自己暗示"我没有自由做决定，但我可以拖延你们的决定"，并由此强化了自己的拖拉行为。

要改变孩子的这种心理状态，最重要的就是培养孩子的自我意识。孩子的自我意识，在于尊重孩子和给孩子选择权。打个比方说明一下，如果在孩子写作业的问题上，你一直在旁边啰唆不停喋喋不休，孩子就会受到心理刺激，往往会把"拖着写"作为自己的武器来与你进行软对抗。反之，如果你从小就把写作业的事情交给孩子，孩子慢慢便能够学会自己掌控时间。

原因二——行为原因。

有些孩子的拖拉只是单纯行为层面上的。但是在这些行为背后，却潜藏着缺乏时间观念、做事没条理、缺乏计划性、注意力不集中等客观因素。如果一个孩子没有时间观念，他就不会觉得原本一个小时就能做完的作业却用了两个小时是一种时间浪费，会带来某种损失；如果孩子做事没条理缺乏计划性，他就不能很好地把握事情的重点和节奏，那么效率必然不好。此外，孩子做某一件事时，如果周围环境不好，经常出现诱惑因素，他们自然难以专注地做事情。

对于这些原因造成的拖沓行为，父母首先一定要给孩子明确界限，让女儿知道，哪些行为可以接受，哪些行为是绝对不能接受的，一旦孩子出现越界行为，必须要对其进行适当合理的惩戒，以强化孩子的行为自律性。

以培养女儿时间观念为例，当孩子在做某事时，可以和孩子达成一个共识，也就是一个现实的时间限定，把守时的任务交给她自己，比如"准备好书包，5 分钟后出门""9 点钟准时睡觉，8 点 40 之前请把作业完成"等等。这种简短陈述的目的是让孩子意识到：我们希望，也认为她能够准时。始终用这种正面的预期方式，让孩子自己觉得时间紧促，她才会自动自觉地抓紧时间。

原因三——习惯了包办代替。

有些父母常会因为女儿动作慢，觉得与其让孩子自己做，还不如自己替她做，这样更省心、更省事。时间长了，这种包办代替的做法剥夺了孩子锻炼的机会，不仅会使孩子的惰性越来越强，而且她的自理能力和动手能力也得不到锻炼，做起事来当然不会得心应手，拖拖拉拉的了。长此以往，更是会形成对父母的习惯性依赖，即使是面对一些自己能够完成的事情，她也会在那里不紧不慢地磨蹭着，等待你的援助之手。

比如孩子早晨起床后磨磨蹭蹭的，父母由于害怕孩子上学迟到而急得不得了，可是孩子却在一旁依然慢条斯理的，因为孩子心里明白，自己动作磨蹭一点没关系，到时候爸爸妈妈会来帮我的，反正上学是迟到不了的。所以，要想让孩子不再磨蹭，爸爸妈妈们就必须剔除对她的多余的关爱，让孩子远离对父母的依赖，更不能因为看孩子干得慢就包办代替。

原因四——父母的反面作用。

有拖沓的父母，必有拖沓的孩子，父母平时不注意约束自己，懒懒散散，拖拖拉拉，起到反面教材的作用，孩子就很有可能也变得磨磨唧唧。

在克服孩子拖延症的问题上，父母的表率作用非常重要，当我们为孩子的拖延苦恼时，首先应该反思自己在遇到事情的时候是否也有拖延的行为。如果你不想让孩子拖拉下去，那么首先就应该杜绝自己的拖延行为。

教养的秘密

"苦口婆心"是很多家长的常态，为了让磨蹭孩子加快速度，家长们有时会变身成《大话西游》里的唐僧。一言不合就碎碎念，然而，根本没有什么作用。

军队里，每一个命令都很直接明了，"稍息！立正！向右转！"让人听了就想跟着动。

在家里，你也可以借鉴，对孩子提要求，你不用严厉，但必须做到够直接。

孩子不是不合群，而是不会与人相处

有人曾问德国的一位小学校长："您办学最注重的是什么？"

校长回答说："教育孩子理解别人，与其他人合作。在现代社会，如果不能与人相互理解和合作，知识再多也没用。"

事实上真的是这样，合作意识与合作能力是孩子的一项重要生存技能。

实践证明：人与人之间明显冷淡的相互关系，必然导致人产生消极的劳动态度，给共同的事业带来不可估量的损失。

因此，与人合作的能力，已经成为当今世界人才的重要素质之一。

而一个人在童年时期没有形成与人合作的道德习惯和道德情感，待到他长大成人以后，便很难有时间和机会弥补了。因此，培养女儿与人合作的能力我们绝不能视如儿戏。

有研究分析表明，从小善于与人交往的孩子，不仅容易与人相处得比较融洽，而且可以从其他人那里学到一些更广泛的知识。如果孩子过于封闭自己、不爱与人交往、在同学中的人缘不好，都会影响孩子的交往能力，使孩子无法适应复杂多变的社会，更有甚者，会让孩子形成孤僻、抑郁、偏执等心理障碍。

　　有一位女数学家，曾在科研领域上做出过卓越的贡献。尽管她在事业上出类拔萃，然而她却是一个情绪障碍症患者。她性格孤僻内向，成天关在小房间里看书学习，演算公式，攻克难题，几乎没有任何人际交往。她为人沉默寡言，给人一种"古怪"的印象。40岁时才在家人的催促下结了婚。结婚时，她不知道该如何操办婚礼，婚后不知道上哪里去购买生活用品。由于过分内向离群，对外界反应不敏感，社会适应力很差。

　　女数学家所表现出来的情绪障碍症状，心理治疗学上称之为淡漠症。淡漠症患者往往表情淡漠，缺乏强烈或生动的情绪体验。他们对人冷淡，甚至对亲人也是如此，缺少对他人的温暖与体贴。他们几乎总是单独活动，主动与人交往仅限于生活或工作中必需的接触，除一般亲属外无亲密朋友或知己，很难与别人建立起深切的情感联系。

　　关心和被关心是人类的基本需要。在人生的每一个阶段，我们随时需要被理解、被接受、被认同，但是现在的孩子们，缺乏兄弟姐妹在一起玩乐的生活体验，所以大都养成了很"独"的性格。这样的女孩子，在青春期如果依然独来独往，没有可以在一起分享快乐、分担烦恼的同学和伙伴，成年后，她的心理就有可能出现问题。

　　女孩子的性格本来就有些内向和怕羞，有时候，她们宁愿让电视、电脑、电子游戏陪伴着自己，也不愿意主动伸出双手交朋友。在这种情形下，家长的态度，可以给她们一些积极的影响。

　　儿童教育专家详细分析了不同类型的孩子有孤独倾向的原

因，当我们面临类似的情况时，就可以用不同的方法来给予孩子恰到好处的帮助。

不合群的原因之一：常受到指责和呵斥

这类孩子通常有过说错话或做错事而受到指责和呵斥的经历，她在一次又一次被否定之后，会不知所措，认为自己不如别的小朋友聪明，与其说错话，还不如沉默。

父母对孩子应多加鼓励，尤其对于她的优点、正确的行为要时不时地给予夸奖。即使她做错事或说错话时，也应委婉地告诉她错在哪里，应该怎么做。同时，可以先帮助她邀请一些小朋友来家里玩，渐渐地，让小朋友也能接受她进入他们的集体，从而让孩子能树立足够的信心进入交际圈。

不合群的原因之二：过多地得到父母的保护

如果孩子在父母面前活蹦乱跳，而对外人却沉默寡言，那么多半父母是她生活中的代言人。没有父母，孩子就好像和世界失去了联系，父母的行为在无意中纵容了孩子孤僻性格和挫败了她独自面对世界的能力。

首先，父母要调整与孩子的关系。鼓励孩子和周围的叔叔阿姨们打招呼，注意礼貌，而且认真听大人们说了些什么，也可以大胆地表达自己的意见。同时要给孩子创造一些条件，譬如她想吃巧克力，父母可以给她钱让她自己去买，如果她不想去，就吃不到。直到她愿意去做，并且从中发现其实这是很容易做到的。

不合群的原因之三：固执和倔强的性格

有的不愿意交际的孩子很有性格，他们拥有的意志和小动物一样顽固。在成人面前，她们不愿意开口，但是她们能认真地听并理解大人说的话，比其他孩子更能准确地判断所发生的事。这样的孩子更希望和她在一起的小朋友对她言听计从，被她呼来唤去。而他们有时不愿意开口，多半是骄傲的个性使然。

父母要让孩子掌握足够多的交际技巧。一方面，要鼓励孩子和大家友善交往；另一方面，在孩子出现矛盾时要及时化解。要告诉孩子多看到小朋友的优点，对小朋友有意见时应尽量悄悄地和她们说，并且态度要温和，还要说出理由，这些适用于成人世界的交往规则，孩子同样应该了解。

让孩子摆脱孤独，快乐地融入人群，不仅可以增进她与人交往的能力，更可以提升她的合作能力、理智思考能力，为其未来的成长增添成功的砝码。

教养的秘密

要使孩子合群，父母首先要以身作则，为孩子创造一个良好的家庭环境。

比如，全家人和睦相处，不以孩子为中心，不事事从孩子的角度出发，不让孩子凌驾于父母长辈之上。

同时，父母也要尊重孩子，切忌随意打骂、训斥，要让孩子在平等和睦的家庭气氛中形成合群的性格。

暗中操作，弱化女孩的·小·小·嫉妒心·

在网上看到的一个帖子：一个女人说，自己的闺蜜简直不让人活了：家庭出身好，本人颜值高，老公帅气又能干，可恨的是，这么帅气多金的男人还非常疼老婆！他们的孩子几乎继承了父母的所有优点，颜值爆表，偏偏又聪明可爱，太气人了！她觉得心里非常不舒服。

忽然有一天，闺蜜花容失色，面容憔悴，泪流满面，原来，她老公出轨了！女人在安慰闺蜜的同时，心里油然而生一种"快慰"，她感到"平衡"了。

最后，她总结说：自己受苦受难的时候，千万不要对别人讲，多少眼泪都要往肚子里咽，免得在寻求别人安慰的同时，安慰了别人。

很多时候，友情最大的杀手不是你不够好，而是你过得比我好。

其实，见不得别人好，是人类正常的心理现象，对孩子来说同样如此。

嫉妒是一种比较复杂的情绪，它的背后隐藏的可能是失望、担心、恐惧这些不易被察觉和不愿被承认的脆弱心理。

嫉妒通常来自生活中某一方面的"缺失"。嫉妒者心里泛酸，不是滋味，是因为他想拥有的东西被别人拥有了，他因此失落，眼红，甚至认为是别人抢走了原本属于自己的关注、情感、利益等等。如果不能释怀又不懂得节制，这种酸情绪就会在心里不断强化。

你的女孩当然也会酸，你别看她小，她也有小情绪啊！

有一位要了二胎的朋友对此就很苦恼。

这位朋友家里有一大一小、一女一男两个孩子，相差三岁，大女儿非常嫉妒小儿子，因为儿子小有时难免需要多照顾一些，女儿就羡慕嫉妒气，就趁大人不注意欺负弟弟。

他对女儿表现出来的小心眼感到既可笑又可气，又非常担心女儿小小年纪酸心这么重，长大以后会做出品性败坏的事情。

其实，这种担心，大可不必。

孩子的很多行为，有时只是一种本能的情绪反应，他们并没有足够的心机来隐藏自己的情绪，他们所表现出的嫉妒行为，往往就只是因为心里不舒服而已。

所以，我们完全没必要对孩子的嫉妒心过度反应，更不应该单纯用嫉妒心去评判孩子的道德品性。

其实不妨想想，善良的你难道就没有暗中酸过谁吗？如果能够换位思考，我们应该能够理解孩子，如果我们还能掌握正确智慧的引导方法，孩子的嫉妒就不会成为顽疾。

所以，当我们的女孩因为嫉妒而出现不良情绪时：

第一，不要取笑、否定或批评她

孩子的嫉妒行为可能很幼稚，但你千万不要表现出"你不应该、没必要、不至于"这样的反应，让孩子感到自己的在乎被否定，这会使他在嫉妒之外再产生一种委屈的心情，情况会更加严重。

你也不要产生补偿心理，极力去讨好孩子，对孩子说：
"你才是最棒的，我是因为礼貌才夸奖她的！"这会导致孩子
嫉妒频发，而且只有听到爸爸妈妈说"别人不如我"，才能将
小情绪暂且放下。

这种"只有别人不如我，我才高兴"的情感认知，才是嫉
妒最可怕的本质。

第二，别苛责孩子做圣人，她是可以有小嫉妒的

嫉妒是人的一种基本感情，正常人人人都有，没有例外，
所以我们完全不必大惊小怪，这是正常的。

当孩子嫉妒时，我们要设身处地地去接纳她的情绪："你
不开心了是吗？你看到我夸奖别的孩子，心里不舒服了吗？"
说这些话时，我们最好轻轻地抚摸孩子的头发。

引导她认同别人："弟弟是不是比刚来的时候玩得好了？
咱们俩作为大小主人，都应该为他感到高兴。"

也要同时强调孩子的优势："你的拼图早就熟能生巧了，
自己就能拼得非常棒。要不然，把你的经验分享给我和弟弟怎
么样？"

第三，帮助孩子导出"你好我好大家好"的认知模式

具体问题具体分析，根据孩子的嫉妒事件，在安抚好她的
情绪以后，通过具体细节描述，让她看到别人因为努力变得优
秀的过程："弟弟刚来的时候基本不会拼的，后来第二次就学
会认真看参考图了，第三次就大体知道按图找件了，弟弟努力
学习的态度值得我们表扬，对吗？"

通过这一系列操作，孩子会明白，我有我的优势，而别人

的成就是他通过努力换来的，也是值得承认和肯定的。她可能以后还会嫉妒，但应该不会让嫉妒失控。

教养的秘密

嫉妒是把双刃剑，如果孩子不能控制它，就会成为它的爪牙。

如果我们不想让孩子活在嫉妒的阴影之下，就要设法使嫉妒的消极作用向积极方面转化。

要防止孩子嫉妒心理恶化，我们除了要指导孩子正确地认识和评价别人以外，更重要的是，要尽量避免进一步刺激孩子的嫉妒心理。比如：不要拿别人家孩子跟自己的孩子比较，不要在孩子面前强调，别人家孩子比她好，这会让她对别人家的孩子恨意顿生。

言传身教，让女孩自己懂节制

孩子只有从小懂得分寸和节制，责任和义务，才能在走向社会之后进行恰当的自我管理。

人们都说女孩是用"糖果、香料及一切美好的东西"做成的，面对自己可爱的女儿，父母除了无法把星星摘下来给她玩，总是要尽力满足她的一切要求，唯恐孩子受到一点委屈。有时候她的要求太过分，家长本想压制她的念头，但一看见她们小嘴一撇，马上就要流眼泪的可怜样子，心一软，也就顾不得家庭条件和实际情况了。总之，要先把女儿哄高兴了再说。

结果大人缺乏理性的爱，纵容了孩子"无限索取"型的性格，食品、玩具、好看的衣裳、各种随身用品，要求越来越多，胃口越来越大。在这种境况下长大的女孩，无法培养出俭朴、节制、与人为善、适应环境等种种美德，她的未来不能不让人担忧。

事实上，美国人在青少年教育中的一次重大失误，已经给我们敲响了警钟。

第二次世界大战结束以后，经济的增长给整个美国社会带来了极大的变化。美国的父母把压抑已久的感情和温暖倾注在下一代身上。

有的人认为"爱就是一切"，鼓吹"放任自流"，让孩子们自行其是。谁知，这一代人倒是幸福地成长起来了，他们享有美国历史上从来没有过的繁荣和最优越的受教育的机会。然而，20多年后，正是在这一代人中，吸毒、早孕、酗酒、自杀、暴力犯罪等，丑恶现象五花八门，给20世纪60年代的美国带来一场社会大动荡。从战争中走过来的老一代人，本来以为战争结束了，消除了饥饿，消除了经济萧条，好事情会接踵而来，谁知道富裕的生活反而给青年一代带来了道德的缺失。

一些学者分析了问题的根源——童年时期的放纵。

美国父母们也终于发现——是他们亲手把下一代逼上了娇生惯养、放任自流、爱得让人窒息的祭坛！

事实上，孩子只有从小懂得分寸和节制，责任和义务，才能在走向社会之后进行恰当的自我管理。

当我们的孩子也有那种因为物质的丰富而放纵了自己的自然欲望的倾向时，家长们务必要在第一时间，把他们引到一条正确的道路上来。

我们需要让孩子明白：过一种简单的、有节制的生活，是一种先进的生活理念，爱护环境、保护资源，是每个地球人的责任。

比如父母要教育孩子节约用水，可以以水为话题，通过讨论："水有哪些用处？""地球上的水会用完吗？""什么是污水？"等问题，向孩子说明人类的水资源越来越贫乏，污水会造成许多河流和湖泊的污染等。

以此类推，我们在生活中常用的煤气和电，吃的粮食和蔬菜，穿的衣服和所用的文具等，都是工人农民辛辛苦苦生产出来的，要耗费大量的人力物力和自然资源，不懂得爱惜，就是对资源的犯罪。

总之，父母需在日常生活中，教育女儿从生活小事做起，爱护我们的家园。告诉她们：要节约用水；垃圾要分类投放；多走路少乘车；爱护社区的小树、小花、小草等。当爱护环境、保护资源的观念深入孩子的内心之后，她们的思想就会得到一种升华，从一个放纵自己、娇宠自己的小公主，成长为一个懂得节制自己物质欲望的好姑娘。

教养的秘密

社会上有一些环保主义者，穿布衣，喝白水，过简单的生活。

我们可以带孩子多去接触这样的人，使孩子在耳濡目染中接受这种生活理念。

然后，我们帮孩子把日常生活和环保意识联系起来，使其自觉自愿地改正大手大脚花钱、无休无止索取的毛病。

给女孩高一点的期许，她会越发努力

一个孩子能不能成为天才，取决于家长和老师能不能像对待天才一样爱她、信任她、期望她、教育她。

在对女孩的教育中，我们提倡家长保持平常心，不要给她们太多的压力。但这不是说对孩子就放任自流，让她做成什么样子算什么样子，更不能让孩子自己，也放弃了更高一层的自我期许。

父母对孩子一定要保持期望，因为父母的期望，对孩子来说，具有重要的动力作用和目标导向作用。

黄晓楠的妈妈对孩子的期望值很低，她经常说："一个女孩子，也不指望你做出多大的事业，只要在学校别惹是非，别结交一些坏孩子，别旷课逃学什么的就行了。"

在妈妈的这种期望中，黄晓楠一点进取的动力都没有，有一天看电视时间过晚，第二天，竟然在课堂上睡着了。学习成绩当然也是逐渐下降。

显然，这就是由于过低要求，带来孩子的不进取、无作为。

美国心理学家罗森塔尔先生和他的助手做了一项实验：他们随机抽选了一所小学，在这所小学随机抽选了一些学生，然后把这些学生的名单交给校长和老师，并对他们说，我们正在做一项重要研究，通过我们的测试，发现这些学生是"最有发展前途的"，要求学校领导和老师严格保密，确保研究课题不受影响。罗森塔尔先生作为著名的心理学家，深受校长和老师的尊敬，对他的说法他们深信不疑。

仅仅是一个权威性的"谎言"，八个月后，奇迹出现了。凡是上了名单的学生，成绩都有了较大的进步，并且各方面的表现都很优秀。人们不理解，为什么会这样呢？

因为老师对这个具有"权威性"的判断深信不疑，这个判断左右了老师对学生能力的评价，而老师又将自己的这一心理活动自觉不自觉地通过自己的语言、情感和行为传染给学生，学生强烈地感受到来自老师的信任、鼓励、关注和期待，因此变得更加自信、自尊、自强，从而在各方面得到了快速进步。

有调查证明：几乎90％在品质、意识和智力方面有杰出表现的人，在自己的童年或少年时期都受到过来自于亲人的积极的暗示。

20世纪30年代，英国一个不出名的小镇里，有一个叫作玛格丽特的小姑娘，自小就受到严格的家庭教育。父亲经常向她灌输这样的观点：无论做什么事情都要力争一流，永远做在别人前头，而不能落后于人。"即使是坐公共汽车，你也要永远坐在前排。"

正是因为从小就受到父亲的"严酷"教育，才培养了玛格丽特积极向上的决心和信心。在以后的学习、生活或工作中，她时时牢记父亲的教导，总是抱着一往无前的精神和必胜的信念，尽自己的最大努力克服一切困难，做好每一件事情，事事必争一流，以自己的行动实践着"永远坐在前排"。

玛格丽特上大学时，学校要求学习 5 年的拉丁文课程。她凭着自己顽强的毅力和拼搏精神，硬是在一年内全部学完了。令人难以置信的是，她的考试成绩竟然名列前茅。

其实，玛格丽特不光是在学业上出类拔萃，她在体育、音乐、演讲及学校的其他活动方面也都一直走在前列，是学生中凤毛麟角的佼佼者之一。当年她所在学校的校长评价她说："她无疑是我们建校以来最优秀的学生，她总是雄心勃勃，每件事情都做得很出色。"

正因为如此，40 多年以后，英国乃至整个欧洲政坛上才出现了一颗耀眼的明星，她就是连续 4 年当选为保守党领袖，并于 1979 年成为英国第一位女首相，雄踞政坛长达 11 年之久，被世界政坛誉为"铁娘子"的玛格丽特·撒切尔夫人。

其实在现实生活中，当一个女孩的表现有些平庸的时候，周围的人一般不会给予太多关注，他们会以为：一个女孩子，天性柔弱，能力有限，做得差不多也就行了。

事实上真是这样的吗？不，不是她的能力达不到，而是师长们尤其是父母对她的激励不够强，只有让她相信自己行，她才能调动起"行"的潜力。

所以你该怎么做，心中应该有数了吧。

─────────── 教养的秘密 ───────────

　　每个人都希望得到别人的期许，这是人性中最深刻的渴求。

　　一个小女孩，你以对待庸才的态度对待她，她即使再行也会变得不行；

　　如果你经常鼓励她，让她向着更高的目标冲刺，她即使再不行也会变得强大起来，她的进步也许会让你大吃一惊。

CHAPTER 08

让情商与智商同行，

孩子不是神童也能成为未来精英

成长不是一步到位的，成长之路没有直线，生命是体验、感悟的过程。

塞给孩子满满的宠爱，轻而易举，教会她们与这个世界完美相处，却需要父母具备足够的智慧、眼界和态度。

父母的使命，不是把孩子呵护成瓷娃娃，而是教会她们发现问题，并独立解决问题。

给孩子机会，让她得以锻炼自己

现在的孩子，比父母们上学那会儿要"厉害"很多：小小年纪，就会做网页、写博客，懂得许多专业知识，英语讲得很溜……优越的学习条件、先进的教育手段，让他们更早接触，也更方便掌握现代知识和应用技能。

然而，一旦脱离熟悉的环境和擅长的领域，面对真实的生活与社会，他们就容易手足无措。想想这几年充斥报端、网络的"女研究生被拐卖""大学生不知道番茄是长在树上还是长在地里"之类的报道，虽然都是个例，却也触目惊心。如果我们要追溯责任，恐怕得一口气追溯到中学、小学乃至于幼儿教育。

只从书本中汲取知识而缺乏体验，会让孩子们丢失了生活这个能提供最鲜活和最实用知识的自然源泉。家长们回想自己的成长经历，会发现很多有用的知识，其实就来自于生活。亲手划过火柴，就知道火很危险，不小心就会弄疼自己和别人；自己洗刷过体操鞋，就知道在鞋上盖层白纸再晒太阳能减少黄迹……所以，这一代人出远门时，父母并不是很担心，因为他们相信孩子能靠观察和体验，解决生活中的各种小问题。所以那时候的大学并不用担心送学生家长潮，更不会有什么家长在学校旁边租房子陪读的事儿发生。

而今天，爸爸妈妈们因为各种"爱"的理由，使孩子失去了很多体验的经历和机会。家长们因为怕孩子弄脏衣服而不让孩子参加户外活动和游戏，因为怕弄脏地板而从不让孩子做洗碗、择菜等日常家务，因为怕孩子跌倒，游戏的时候受伤或感染细菌而阻止孩子栽花种草、挖虫子、踩水洼，更有些年轻的爸爸妈妈为了从小培养孩子的淑女气质，而拒绝一切会带来污渍的活动。

有些家长表示，他们也希望孩子可以去游戏，去体验，但是害怕孩子在不熟悉的环境中发生意外自己应付不了。事实上，我们生活的各个角落都存在风险，如果孩子对于风险没有体验，或者对于风险的存在没有认识，她如何才能离开父母，面对世界呢？

孩子经历一些小的"意外"，有利于培养孩子预知和处理风险的能力。有的时候让孩子体验风险，承担自己失误和对风险的不当预期而带来的麻烦和后果，对于孩子的成长是难能可贵的。

法国女孩卡米尔要到山里去参加为期两天的野营。校方为他们介绍了营地情况，为他们的准备工作提出了建议。妈妈问卡米尔是否需要帮忙，她骄傲地说我会照顾自己。

在出发以前，妈妈检查了她的行李，发现她没有带足够的衣服，因为山里要比平原上冷得多，显然卡米尔忽略了这一点。再有一点，妈妈发现孩子没有带手电筒，这是野营时经常要带着的东西，但是妈妈并没有说更多的话。卡米尔高高兴兴地走了。

过了两天，等她回来的时候，妈妈问卡米尔："怎么样，这次玩得很开心吗？"

卡米尔说："我的衣服带得太少了，而且由于我没有带手电筒，每天晚上都要向别人借手电筒，才能够走出去，这两件事搞得我有些狼狈。"

妈妈说："为什么衣服带少了呢？"

"我以为那里的天气会与这里的一样，所以只带了这里平常穿的衣服，没有想到山里会比这边冷，下次再去，我就知道该如何做了。"

"如果下次你去巴黎，也带同样的衣服吗？"

"不会的，很热。"

"是的，你应该先了解一下当地的天气情况，再做决定，对吗？"

"是的。"

"那手电筒是怎么回事呢？你就没有想到它吗？"

"我想到要带手电筒，老师也告诉我们要带手电筒，可是我忙来忙去，却把手电筒忘掉了，我想，我下次野营时应该先列一张单子，就像爸爸出差前列单子一样，这样就不会忘掉东西了。"

妈妈虽然知道卡米尔带少了衣服，而且忘记了带手电筒，这样会影响她的这次出游，但她并没有说出来，更没有为孩子添上这些东西。她给了卡米尔一个体验的机会。经过此次野营，卡米尔学到了不少知识，增长了不少社会经验。

我们常说，孩子离开父母的那一天，就是孩子走向成熟的开始。但是，一方面，家长们毫不吝惜地将自己的羽翼充当着孩子的保护伞；另一方面，又常常抱怨孩子对自己过于依赖，责备孩子不懂事、不体谅大人、不能独立处事……可是，家长们又给了孩子们多少机会，让他们走出自己的保护伞去独立面世呢？

在女孩成长的过程中，我们一定要创造机会，让孩子尽可能多地体验不一样的生活和经历，因为很多事情在没有去做之前的想法，与真的去做过了之后的结果会完全不同。关键是，孩子在经历过程中的行为表现及处事应对，更是家长所不可设计和不能替代的，往往经历与体验的价值也就蕴藏在其中。

教育就是授人独立自尊之道，并开拓躬行实践之法。

孩子不可能总躲在我们的翅膀底下，那样她不可能真正长大。

哪怕她会摔跤，会给我们带来一些麻烦，我们也要放手给她磨炼的机会，这是成长路上必须付出的代价。

允许质疑，创造独立思考的良机

虽然我们喊了多年的"男女平等"，然而不可否认，在我们的社会生活中，男性依然占据着主导地位。最典型的表现如，在某个团体的会议之中，男性总是可以非常自然地表达自己的意见，女性即使对于正在讨论的问题更熟悉、更有构想，却经常做那种"没有声音的人"，自己的专业技能得不到应有的展示。

究其根源，这与女性在小时候所受的教育方式有着直接的联系。

我国是一个具有几千年封建历史的古国，封建意识在人们的头脑中还有很多。对于下一代，人们喜欢他们听话，一切都要以尊长的意见为主。至于女孩，更要以温柔敦厚为美德，谁家的女儿太张扬了，父母首先看不过眼。长此以往，许多女孩习惯于以父母的意志为意志，以大家的想法为想法，自己的声音，渐渐地就被淹没了。

这样的孩子，在家里是父母喜欢的乖女儿，可是，她将来走向社会，在许多场合中、许多情况下，都会因为不敢表达自己的思想而吃亏。在实力相当的情况下，光环和实利，都落在别人名下。

要让女孩子有思想，敢表达，越早培养越好。首先，我们家长应该积极保护孩子的独立思考能力，不管她的想法是有明显的谬误或者是幼稚可笑，我们都应该以平等的姿态认真参与这个讨论。

一天晚上，上小学一年级的妞妞拿着语文书从房间里走出来，对爸爸说："我觉得书上有一个字写错了。"

"是吗？哪个字，让爸爸看看。"

妞妞指着书上一个"他"字对爸爸说："这个字不对。"

"为什么不对呢？"爸爸问妞妞。

"因为'他'指的是小蝌蚪，小蝌蚪是动物，应该用这个'它'。"妞妞一边说，一边在桌子上写了一个"它"字。

"噢，你的怀疑很有道理，让爸爸看看。"爸爸把书拿过来，仔细看了一下课文，然后对妞妞说："在正常情况下，小蝌蚪是应该用'它'，但在课文中是把小蝌蚪当成一个找妈妈的小朋友来写的，这是童话里常用的方法，所以就用了'他'字，明白了吗？"

"噢，在课文里小蝌蚪是妈妈的孩子，是和我一样的小朋友，所以就用了'他'字，对吗？"

"嗯，妞妞真聪明！"爸爸说道。

头脑不是一个要被填满的容器，而是一支需要被点燃的火把。我们在教育孩子时，要改变过去给孩子填鸭式灌输的消极模式，改变孩子被动的地位，鼓励孩子怀疑事物，充分调动孩子的主观能动性和创造性。

教养的秘密

要培养孩子独立思考的精神，就要鼓励孩子多提问题。

正确地提出一个问题，比解决一个问题更重要。提出问题就是解决问题的一半。而只有怀疑才会提出问题，才会引起思考，进而产生创造。

所以，当孩子对权威产生怀疑或者孩子某些异想天开的问题出现时，不管正确与否，爸爸妈妈都必须先给予肯定，再慢慢解答或纠正，千万不能讥讽打击。

巧置任务，培养女孩做事规划性

相对而言，女孩子做事，大都有认真细致的特点。但是小孩子都有共同的心理特征，做事时随意性很强，自我控制能力较差，常常是一件事还没有做完就又想着做另一件事，显得杂乱无章，缺乏条理。

在这种情况下，我们家教的重点，应该是培养孩子在做一件事之前，先有周密的计划，然后尽量把这件事往细处做，往踏实处做，尽量做得完美无缺。

事实上，一个人基本素质如何，往往是靠一些细节展示给别人的。

有一位女士去应聘财务经理，路上赶上一场大雨，幸好出门早，又带着雨衣，才赶得上。当来到招聘单位的电梯前时，她取出手纸把鞋擦干净后，把纸扔进了垃圾桶。当她坐在面试经理面前时，经理看完证书之后没有问她任何问题，微笑着告诉她，"欢迎你加入我们公司。"

当她不敢相信地看着经理时，经理告诉她："第一，这样的天气你仍然来了，说明你做人有原则，很守信用；第二，没有迟到，说明你准备充分出门早，很守时；第三，衣服没湿，说明你昨天看了天气预报，来时一定带了伞；第四，刚刚从公司的监控录像中看到了你的行为，说明你很有修养、很细心。所以，我们很愿意和你这样的人成为同事。"

事情说穿了，其实也没什么神秘，同时也没什么难度，但是为什么偏偏有人做得很好，有的人表现却不尽如人意呢？我们只能说，平日的习惯，就是关键时刻的好表现，只有一向做事周密细致的人，才可能随时展现出让人信服的素质。

当然，让我们的孩子养成做事有计划、有条理的习惯不是一朝一夕的事，需要父母的耐心和恒心，还要善于抓住教育的契机进行适时的引导。

在日常生活中，一些小事不能轻视，因为这和孩子养成良好的做事习惯有很大的关系。我们可以指导女儿在打扫房间时，各种摆设要摆得井井有条，用过的东西放回原处，以免需要的时候却找不到；晚上睡觉之前，整理好书包，准备好第二天要穿的衣服；在有什么重要活动之前，多想想可能会发生的事，准备好应对的办法。

在具体的过程中，我们可以有意识地给孩子布置一些力所能及的任务，比如到附近的超市买些日用品，让孩子自己带好钱物，考虑好买的东西有多重，体积有多大，怎么带回家来才合适。教她留心家里常用的物品的品牌是什么，哪种用品需要更换或者添补。让她的大脑和手一起用，锻炼做事的能力。

父母应该随时注意观察孩子做事的方式方法。看看她做事是否有计划，有条理，是否知道先做什么，然后再做什么。通过观察，如果发现孩子在这方面能力差，应立即给她指出来，并告诉她无论做什么事都要按照步骤完成，做完一件事再做另一件事。如果有许多事情要做，必须先安排好顺序。如星期天，父母给孩子提出哪几件事是必须要做的，然后让孩子自己安排。一次次地强化，久而久之，就会让孩子养成做事细致扎实的习惯。

当孩子认真负责地完成了任务时，父母应及时给予表扬和鼓励；当孩子该完成的任务没有完成时，父母应坚持并鼓励由孩子自己继续做完，在必要时，可适当给予帮助，但不要包办代替。

对于孩子来说，做事有计划是非常重要的。它可以帮助孩子有条不紊地处理应该处理的事情而不致手忙脚乱。不学会做事，就无法很好地料理自己的生活，也无法很好地进行学习和工作。

父母要告诉孩子，无论做什么事都要负责任，这是做人的根本。当自己做错了事时，不可强调客观原因，应主动从自己身上找原因，并认真改正。

根据孩子兴趣，栽培她的艺术气息

在许多伟大人物对少年时代生活的回忆中，常常忘不了那些被艺术之美所启迪的时刻，法国著名的哲学家和文学家卢梭说："我对于音乐的爱好，确信是受了姑姑的影响。她会唱无数美妙的小调和歌曲，以她那清纯的嗓音，唱起来十分动听。这位出色的姑娘的爽朗心情，可以驱散她本人和她周围一切人的怅惘和悲愁。她的歌声对我的魅力是那样大，不仅她所唱的一些歌曲还一直留在我的记忆里，甚至在我的记忆力已经衰退的今天，有些在我儿童时代就已经完全忘却了的歌曲，随着年龄的增长，又浮现在我的脑海中，给了我一种难以表达的乐趣。"卢梭在童年时期领受过的音乐的美，对他一生的生活都产生着潜移默化的影响。美的熏陶有如此神奇的力量，有时简直使人难以相信。

从情趣和性格的培养上来讲，引导女孩子爱上音乐，掌握一些乐器的弹奏方法，这无论对孩子的身心发育、智力发育，都是有好处的。很多女孩子，也正是因为从小就接受了良好的音乐教育，才拥有了一种与众不同的优雅气质。

事实上，随着时代的变迁、观念的变化，很多女孩子的父母也都树立了一种正确的音乐教育观念：

"我给女儿报了钢琴班，有空还会带她去听听音乐会，倒不是希望她将来成名成家，就是觉得一定的艺术修养对于女孩子的成长很有好处。"

女孩子的父母们能有这样的教育意识，无疑是科学的、合理的。

对于女孩子的心灵和气质培养，与音乐并重的，还有舞蹈。

女孩子学舞蹈，就像男孩子学武术一样，我们不一定要期望她们练成什么样的水平，只要达到了强身健体、改变精神风貌的作用，就是一种成功。看看我们身边那些能歌善舞的女孩吧！舞蹈不仅塑造了她们的美丽，更在增添魅力、锻炼体力、磨炼毅力、丰富想象力等诸多方面，发挥出了举足轻重的作用。

处于快速生长发育时期的女孩，经过舞蹈训练，能使她们站得直，形体优美，且能纠正驼背、端肩等形体问题。舞蹈需要全身各部位的配合，可以锻炼孩子的动作协调性，使孩子更有节奏感。舞蹈通过音乐、动作、表情、姿态表现内心世界，可以使孩子潜移默化地受到艺术表演的熏陶，使孩子们热爱生活，并能欣赏美、体验美。

要想让女孩子成长为一个更为多才多艺、更具有个人魅力的女性，妈妈应该从小就注重培养女孩的舞蹈气质。即使不送女儿进入专业的舞蹈学校进行学习，也要让女儿积极地加入班级或集体组织的舞蹈学习中。舞蹈带给女孩的好处，将令她一生受益不尽！

我们说哪个女孩具有艺术气质，这不仅代表着她形体优美、气质高雅，更表示了她内心的丰富与敏感。有艺术气质的女孩，是有生活情趣的女孩，她们成年以后，对于常常困扰女性的孤僻、冷淡等心理疾患和一些亚健康问题，具备一定的免疫能力。

教养的秘密

在艺术教育里，艺术只是一种达到目标的方法，而不是一个最终的目的。

艺术教育的目标是使人在创造的过程中，变得更富有创造力，不管这种创造力将施于何处。假如孩子长大了，而由她的美感经验获得较高的创造力，并将之应用于生活和职业，那么艺术教育的一项重要目标就已经达成了。

找几本好书，让女孩爱上亲子阅读

"爱读书的孩子不会变坏"，这是一条已经经过了数代人验证的说法。对于女孩子的素质培养，最简便也是最有效力的方式，莫过于培养她的阅读习惯。著名女作家毕淑敏如是说：

读书的女人，较少持续地沉沦悲苦，因为晓得天外有天乾坤很大；

读书的女人，较少无望地孤独惆怅，因为书是她们招之即来永远不倦的朋友；

读书的女人，较少怨天尤人孤芳自赏，因为书让你牢记个体只是恒河沙粒沧海一粟；

读书的女人，较少刻毒与卑劣，因为书的光明，日积月累浸染着节操鞭挞着皮袍下的"小"……

给女孩读书是一种最好的教育方式，它是家长送给女孩的一件终生享用的最佳礼物。

给女孩读书既能养成孩子爱学习的习性，培养她的健康人格，又能为孩子提供一种快乐的生活方式。明智的家长应该在女孩10岁之前帮助她养成"看"书的习惯。

在社会和经济发展迅速的今天，人的阅读能力被视为具有很高价值的能力。因为阅读是学习的基础，良好的阅读习惯与能力的拥有，能让阅读者"厚积而薄发"。阅读是长期的、日积月累的、潜移默化的，是伴随人一生的。更重要的是，阅读影响的是一个人素质中最基本、最核心的东西——审美观、道德观和人生观。每个父母都应该重视孩子阅读潜能的开发，用正确科学的方式来引导孩子阅读，让孩子善于阅读，乐于阅读，勤于阅读。

有些家长会有这样的疑惑：读书是一种好习惯，可是我们的女儿对书本没有兴趣，这该怎么办呢？

这首先在于父母的正确引导。我们不必硬性规定，告诉孩子你的读书时间到了，必须坐下来给我好好地读。这样反而会激起孩子的逆反心理，影响她们心底里对书籍的热情。我们可以在轻松的气氛下，安排一小段时间，与孩子一起读书。

比如每天挑选出一段固定的时间，如晚上7：30—8：30，作为家庭成员共同的阅读时间，大家选择自己喜欢的书籍，各自安静地阅读，读完后轮流说说自己的读书心得。设定家庭阅读时间，可以慢慢养成孩子固定的阅读习惯。当然，还可以在外出时带上一两本书，在公园里，在郊外，在河边，在清新的空气中，在鸟语花香的环境里，与孩子一起读上几段书。这样，自然而然地把孩子引入图书世界，使读书成为孩子的消遣活动。

在孩子的阅读过程中，父母应先抽出时间，看看孩子要看的书，提一些问题写在纸上，让孩子仔细阅读，然后回答问题，这样可以避免囫囵吞枣。使孩子可以真正地读进去，消化吸收书里的内容。

在家中，为孩子选一个光线充足的房间或角落，放置一张书桌，准备一个小书架。让孩子可以随意选取自己喜爱的书籍，坐在书桌前轻松自在地去阅读。相信您的家中如果有这样一个空间，孩子一定会有阅读的欲望。

在对图书的选择上，专家推荐小学高年级至初中低年级的学生阅读以下种类的图书：首先，应是一些童话故事书；其次，是科学幻想故事书；再次，是传奇故事和英雄人物故事书；最后，是数学游戏、发明创造、科学知识、动物世界、海洋、旅行、战争、历史、笑话、娱乐、诗歌、传记和天文、地理等方面的书籍。阅读这类书籍可以从中找到乐趣、增长知识。要注意不要把经济和社会因素同孩子的阅读联系起来，也不要让这些因素影响孩子对图书的选择。

良好的阅读习惯可以拓宽孩子的知识视野，丰富孩子的语言积累，陶冶孩子的思想品性，提高孩子的表达、写作能力，增强孩子的求知欲望。

通过阅读，可以把孩子引入一个神奇、美妙的图书世界，使她们的生活更加丰富多彩、更加乐趣无穷。同时，还可以使孩子从书籍中获得人生的经验。因为人生短暂，不可能事事都去亲身体验，书中的间接经验，将有效地补充个人经历的不足，增添生活的感受。

教养的秘密

女孩子对叙事性的文字敏感，爸爸妈妈可以帮助她们选择一些名著作品欣赏。

比如：《汤姆大叔的小屋》《飘》《格列佛游记》《简·爱》《呼啸山庄》《月亮和六便士》等等。

如果我们让孩子自幼便开始接受中外名著的熏陶，不仅可以奠定她一生的优雅人格。同时，还可以有效提升孩子的阅读和写作能力。

与孩子一起，策划她的资产管理

在我们以往的教育观念中，家长或多或少都有些忌讳和女孩子谈钱，他们认为，女孩子这么早接触钱，有可能变得庸俗势利，还容易养成虚荣攀比的坏毛病，而且女孩子小的时候有父母照顾，长大嫁人有丈夫拿主意，她懂不懂得理财，关系也不大。

其实，这只是一种误解，女孩子从小培养起良好的金钱观念，学习正确的理财知识，长大后才能从容地面对与金钱相关的一切，拥有一定理财能力的女孩，反会更容易养成节俭、朴素、爱劳动等良好的行为习惯。反而是那些一直处于父母的管制与保护下的女孩，等到要独自面对与金钱相关的考验时，往往容易惊慌失措，惹出一些不必要的麻烦。

家庭教育要注重从书本回归生活、回归社会。应设置开发孩子"财商"的内容，财商教育其实就是"钱"的教育，社会这部大机器在运转的过程中，离不开"金钱"这个润滑剂。要让孩子正视生活现实，是很有必要的。

"理财"的内容很多，也很烦琐，如果我们想要找个较好的参照目标的话，那么不妨借鉴一下英国的少儿理财教育目标，他们对每个年龄段的孩子都有具体的要求：

3岁：能辨认硬币和纸币；

4岁：知道每枚硬币价值多少；

5岁：知道硬币的等价物，知道钱是怎么来的；

6岁：能够找数目不大的钱，能够数大量的硬币；

7岁：能看价格标签；

8岁：知道可以通过做额外工作来赚钱，知道把钱存在储蓄账户里；

9岁：能够制定简单的一周开销计划，购物时知道比较价格；

10岁：懂得每周节约一点钱，留着大笔开销时使用；

11岁：知道从电视广告中发现理财事实；

12岁：能制定并执行两周开销计划，懂得正确使用银行业务中的术语；

13岁至高中毕业：进行股票、债券等投资活动的尝试，以及商务、打工等赚钱实践。他们这样做的目的，是使每个孩子从小开始就建立起职业价值观念，掌握一些职业技能和知识，获得谋生的能力。

在现实生活中，我们可以根据具体的情况帮助孩子制定理财目标，方法要尽可能地灵活。

彭真真从小是个爱美的小女孩，总是琢磨着要添置新衣服，一旦发现班级里某个同学穿了什么好看的衣服，回家就要让妈妈也帮自己买。妈妈看到女儿一会儿一个新要求，总是不知道满足，就找个时间和彭真真一起制订了一个"置衣计划"。

她先告诉女儿，家中工资收入总计是多少，日常开销是多少，给她买衣服只能用多少。比这个数再增加一些，一年给她置装费多少，分两次支付，全部由她自行支配。如果鞋买贵了，上衣就节省点儿；买了好裤子，手套就不买了。这使孩子对自己应享有的配额非常清楚，再无分外之想，另外还促使她了解市场，锻炼了对生活的控制能力。

后来等彭真真长大，到另一座城市上大学，开始了自己的独立生活，周围的人无不对她消费得当、善于理财的能力印象深刻。

儿童时期的理财方式往往会伴随一个人的终生。在我们身边，孩子大手大脚地花钱，挥霍浪费现象非常严重。因此，让孩子从小学会如何花钱，学会如何使用钱，学会如何管理钱就显得非常重要。树立正确的金钱价值观，培养正确的投资理财能力对孩子是很好的锻炼和提高，而且也是今后孩子生存必备的技能之一。

让孩子从小学会理财，我们可以这样做：

给孩子定量的零花钱：要使孩子将来成为一个既精明又有责任心的人，能保持收支平衡，不负债，这需要经过多年的培养。而第一步，就是让孩子接触到钱，当孩子定期拿到零花钱时，她就会开始懂得生活的基本法则：没有钱，就不能买东西。

让孩子帮忙购物，了解钱的价值：爸爸妈妈应该和孩子一起填写购物计划，教孩子看价钱，让孩子付款，把找回来的零钱给孩子当作奖励，并教孩子将钱投到储蓄罐里，建立储蓄的观念。

为孩子开设银行账户：当孩子的储蓄罐已经有不少存款时，带孩子到银行开设一个属于他自己的账户，教孩子看懂储蓄存折，告诉孩子什么叫作本金，什么叫作利率，利息是怎样产生的；以孩子的名义开个账户，让她有自己的存折并为之负起责任。这一经验有助于养成孩子终生储蓄的习惯。

借钱给孩子，培养贷款观念：有时候孩子想购买的物品价格和自己存的钱有较大落差，这时除了引导孩子调整购买目标之外，还可以适度地"借钱"给孩子，让她有借钱、还钱并支付利息的观念，从中培养孩子的责任感。还款时可以从以后的零用钱中分次扣除，也可以一次性扣除下一次的零用钱，比较两种方案要还的利息是多少。

要让孩子了解家里的经济状况：如果孩子不知道为什么要限制她乱花钱，她怎么会接受对她的限制？做父母的可以粗略地向自己的孩子谈一下家庭每月的收支情况，这样，不仅可以使孩子知道家里的经济状况，而且还有助于激励她做到勤俭节约。

培养女孩的理财观念，除了强化她勤俭节约的观念外，更重要的，是对她责任感和自我约束力的培养。所以，不论你的经济条件如何，对孩子正确的金钱观念的引导是必需的。

女孩子从小培养起良好的金钱观念，学习正确的理财知识，长大后，才能从容地面对与金钱相关的一切。

教养的秘密

有个很常见却被忽视的事实——在大部分人心里，零钱就是用来乱花的。

成年人尚且如此，那么可想而知，当孩子面对零食和玩具的诱惑时，他们能把持住自己吗？

所以你不妨试试，给孩子，给整钱；给老人，给零钱。

带女孩多走走，开阔她的见识与格局

如果说古代的大家闺秀以"足不出户""非礼勿动"为美德，那么，现代的优秀女孩，则应该以见多识广、开朗自信为目标。如果一个女孩的生活仅仅限于家庭、学校之间的两点一线，她的心胸必然不会太广阔，眼光必然不会太高远。

上海女孩汤玫捷，高中上的是上海市的一所普通中学，但是却成为那年国内唯一一个被美国哈佛大学提前录取的中国学生，更获得了哈佛校长提供的每学年 4.5 万美元的全额奖学金！

这个在中学 400 名学生中排名仅在百名左右的普通女生，究竟具有何种魅力，居然让世界名校为她敞开大门！哈佛大学究竟看中了她什么？

汤玫捷上高二时，曾作为上海唯一一名中学生赴美学习过一年，在这一年的经历中，汤玫捷给美国当地学校和所有与她交往过的同学家长都留下了非常好的印象；美国的历史老师更是在推荐信中夸奖说："汤是一个热情、勇敢、自信、不太一样的中国学生……"

其实，汤玫捷的"勇敢、自信"，正是来自她不一样的个人经历。

汤玫捷的父亲是一名中学教师，母亲是一名退休工人。夫妇俩对女儿唯一的要求是："做到你自己最好的状态。"因此，他们从来不把女儿按在题海之中，从不过分关注女儿的分数、排名，也从不认为女儿参加社会活动是在浪费时间。对此，她深有感触地说："在我成长的经历中，自己好像没参加过什么培训班。兴趣就是最好的老师。只要是我喜欢的，我就一定会去做！"

汤玫捷最喜欢做的事情，就是旅游。

她出外旅游有两个原则：一是不跟旅游团走，二是不请导游。不管是在美国还是在中国，汤玫捷都是选择自助式旅游。她认为：我看到的世界，不是一个导游能够用语言描述的，而是一个我自己用心感受到的世界。就说一些名胜古迹吧，人们首先就会想到很具体的标志性建筑，但实际上，那些东西离寻常百姓的生活实在是非常遥远。所以，我旅游的时候，从来不以一个游客的心态去观览一个城市，而是将自己融入其中，悄悄地关注人们是怎样在那里生活的。要想做到这一点，就不能光听别人的解说，还得靠自己走遍那些土地。而且我认为，在一个人的成长历程中，除了"行万里路，读万卷书"，还应该再加上一条，"和万人交流"，这才是完美的学习。

汤玫捷的勇敢和自信，对于年龄幼小，还在成长中的女孩来说是一种挑战，那么我们可以换一种方式，由父母带着孩子出去走走。利用节假日与孩子一起走出家门、走向社会、走向大自然，这样可以让孩子增长见识，陶冶性情，也可以培养兴趣，开阔胸襟。

在旅游中，买车票、住旅馆、进饭店、购门票，是不可避免的。假如父母有意识地要孩子去做这些事情，那么孩子就可以直接接触到一些新的对象，了解新的知识。旅游结束后，见识广了、谈资多了，女孩子重新回到家庭和学校，就拥有了和以前不一样的自信。

旅行的过程，其实也是一个增长见识、增长能力的过程。因此，有条件的父母可以多带着你的小公主出去走一走、看一看，多给女儿一些锻炼的机会。

此外，如果家庭条件不允许，或工作太忙没有时间，父母还可以通过增加孩子的阅读量、给孩子更多独自处理事情的机会等方式，让女儿见闻广博起来，达到与旅游殊途同归的目的。

教养的秘密

带孩子出外旅游的目的，是让他们开阔眼界，增长见识，所以我们不必只往一些风景名胜之处凑热闹。

让生活在乡村和一些小城镇的孩子领略一下大城市的繁华，让生活在都市的孩子感受一下乡村的自然纯朴，都是一种不错的选择。

给女孩讲讲社会规则，让她带着斗志去生活

"我要给女儿最好的！"这一定是所有父母的心愿。所以，当孩子想要一个芭比娃娃时，爸爸妈妈总会给她买最大最贵的；当女儿想要一个飞机模型时，一定给她买个既能飞又能跑的。总之，爸爸妈妈认为，只有给孩子最好的物质享受，她才能收获快乐。可是，事实上是这样吗？

心理专家说，孩子正处于成长期，不光是他的身体在一天天长大，他的性格也在一天天成长和完善。而他的生活环境对性格成长的影响很大，如果他总是生活在一个舒适的环境中，久而久之，他的斗志会在不知不觉中被扼杀。

所以在适当的时候，别忘了给女儿换换环境，暗示她不是所有的要求都可以满足，有些事情是要自己争取的。只有这样，才能培养她自主的能力，养成她的斗志。

有个小女孩特别争强好胜，无论做什么事都想赢。妈妈发现了女儿的这个毛病，觉得不能任由她这么发展下去了，于是想了一个办法。有一天，母女俩一起玩一种棋类游戏，以前母亲总是让着她，这次却一点都不让，接连赢了她好几局。

她气坏了，"常胜冠军"成了"常败冠军"，这可是从来没有过的事。一生气，她把棋盘都摔到地上了。妈妈很严肃地对

女儿说："刚才明明是我赢了，你为什么不能接受呢？为什么只能你赢，别人却不可以呢？"

她自知理亏，于是低下了头，母亲接着对她说："孩子，以后你就会明白，生活不会让你一帆风顺，就像下棋一样，总会有赢有输。输了也没什么了不起，就看你怎么面对！"

母亲这番话对小女孩产生了很大的影响。成年后，正当她事业青云直上的时候，不幸得了一场大病，双腿不能走路了。面对突如其来的厄运，母亲曾经说过的话让她找到了战胜困厄的勇气。为了康复，她为此奋斗了十年，甚至很长一段时间，她不惜每天和刚刚学步的儿子一起爬楼梯。

最终，她战胜了病魔，并积极参加社会活动，成为一名非常优秀的社交家。

这件事，对于我们教育女儿非常有启发意义。其实父母应该给女儿提供一个略显"冷酷"的环境，让她自己明白适者生存的道理。在这种暗示下，女儿就会懂得，没有人可以一直帮助自己，让着自己，往后的人生只能靠自己去争取、去努力。

人的一生就是在不断地解决着各种各样的难题，在这个过程中，快乐与痛苦总是结伴而行，顺境和逆境总是并肩齐步。孩子来到这个世界上，他们的人生路还很长，所以，父母一定要让孩子懂得生活不会"有求必应"，要让孩子能把人生看成是对自然和社会的一种体验，把快乐和痛苦都看成是生活中的一种感受，想到即使痛苦，其实也是在感受生活，那无论碰上什么困难，孩子便都能从容不迫，游刃有余了。

为此，父母要让女儿从小就懂得，生活并不是"有求必应"的，在某些时候甚至是不公平的，只有懂得适者生存的道理才能在社会中立足。不要等到挫折来临时，才告诉女儿该怎样去面对，因为在强烈的落差面前，女儿往往很难快速适应和调整。如果我们能够早一点告诉孩子生活中存在着种种不顺心，那么即使面对挫折，女儿的心理震荡相对来说也会小很多，而且能够更快、更平缓地度过心理调适期。

　　每个女孩的出生，父母总希望自己的女儿像公主一样活着，然而生活并不是那么美好，父母并不可能一辈子做女儿的靠山，女儿自然也成不了一辈子的公主。

　　所以父母要学会暗示生活在蜜罐里的孩子，让孩子明白优胜劣汰的自然规则，学会自立，要带着斗志去生活。毕竟女孩靠爸爸妈妈能成为公主，而靠自己日后却能成为女王。

CHAPTER 09

读懂女孩心理，

孩子的情绪出问题，需要家长的轻疗愈

家庭生活是孩子学习情绪管理的第一个学校。

帮助女孩学会梳理并管理情绪，对她以后的成长非常重要。

情绪管理的基础是自我觉察。父母要像一面情绪镜子，准确回馈孩子的真实感受，协助孩子完成对自身情绪的觉察与认知。

你愿意聆听，孩子才愿意表达

在我们身边的家庭中，最常见的场景是父母坐在沙发上，长篇大论地教育孩子，孩子在一旁低头听着。而孩子说，父母听的情形，实在并不多见。父母们难得静下心来，倾听孩子的心声，工作忙、时间紧只是一种借口，他们的真正想法是："一个小孩子，能有什么复杂的心事，她是我养大的，有什么样的念头我还不清楚吗？"

事实真的是这样吗？孩子的心思，有时候真不是大人的"想当然"那么简单。

在一期家庭互动电视节目上，主持人把一位可爱的小女孩请上台，问她："你长大后想要当什么呀？"小女孩认真地回答："我要当飞机的驾驶员！"主持人接着问："如果有一天，你的飞机飞到大西洋上空，这时飞机的燃油用完了，你会怎么办？"小女孩想了想说："我会让坐在飞机上的人绑好安全带，然后我挂上我的降落伞跳出去。"

这个答案使现场的观众们笑得东倒西歪，主持人继续注视着这个孩子，想看看她是不是个自作聪明的小家伙。

观众的大笑使小女孩撇起了小嘴，眼睛里也有了泪水，这才使得主持人发觉这个女孩似乎有无限的委屈。于是，主持人又问她："为什么要这么做？"女孩的答案透露出一个孩子真实的想法："我要去加燃料，我还要回来！我一定要回来！"

这是一个关于倾听的经典故事，如果主持人没有耐心听小女孩把话说完，她又怎么能体会到孩子的真挚和善良呢？如果主持人打断孩子的话，并说："好了，好了，你这个小家伙！把乘客留在飞机上，自己先逃跑，真是个'了不起'的主意啊！"那么，孩子会觉得多么委屈啊！

很多家长其实也是这样的，他们在听孩子说话时总是不够耐心，有的家长甚至不愿意听孩子讲话，总是打断孩子的倾诉。他们可能觉得这样做没有什么，然而这样做给亲子关系带来的负面作用是难以估量的，孩子也会因此而不愿意与妈妈沟通，有的孩子的性格甚至会变得抑郁内向。

吃完午饭，爸爸妈妈坐在沙发上喝茶看电视，女儿琪琪忽然皱着眉头说："妈妈，我们班来了一个新同学，名叫林晓。"妈妈眼睛盯在电视上，对女儿的话并没有太在意，随口说道："是吗？可能她家刚从外地搬来，转学也是正常现象。"琪琪又说："林晓的运动鞋是新出的款式，特别好看。"妈妈说："小孩子不比学习的好坏，怎么又比上吃穿了？"琪琪不作声了，噘着嘴坐到了一边。爸爸看到女儿的神色不对，就问她说："林晓来到你们班里多长时间了，和你们都熟悉了吗？"琪琪这才说出心里话，原来，在班上，琪琪和小丹是最好的朋友，现在林晓来了，小丹天天和林晓在一起玩，琪琪认为自己受到了冷落，内心里很难过。

知道了事情真正的原因，爸爸劝女儿道："你们现在还小，好朋友就那么有限的几个，其实等以后上中学、上大学、参加工作，不知道要认识多少人，有多少朋友呢？小丹愿意结识新朋友，是一种好现象。再说，她也不是认识了林晓，就不和你玩耍了对不对？大家在一起玩耍才快乐呀！你可以让林晓给你讲讲她原来住的城市的情况，你也领她到校园里去走一走，该有多好！"琪琪听了，觉得很有道理，心情也好多了。

当孩子经历着内心的失败、创伤或有失望情绪时，他们特别需要温情的安慰，但有些内向的女孩并不总是把自己的意思表述得清清楚楚，她们也许会采用另一种表达方式向父母暗示。父母应该使孩子感到你不是由于忙或急着做其他的事，而无暇听她们说话。认真倾听孩子的话，注意观察孩子的情绪，引导孩子把心中的烦恼说出来。这样，烦恼很快就会消失，孩子也会恢复快乐。

请记住，家长的爱心和耐心，才能真正打开与孩子的沟通之门。

倾听所表现出的，不只是父母对孩子的接纳、理解和支持，还能引导孩子的内心归于平静和从容。给孩子最温暖的爱，不是金钱和物质满足，而是父母亲切的态度，欢悦的谈话，还有同情和赞美。

教养的秘密

如果，孩子说"难过"，你说"别难过"；孩子哭，你说"别哭"；孩子说"紧张"，你说"别紧张"……

你会发现：明明想让孩子摆脱不好的感受，她却越来越不好受。不管你当时的态度有多好，语气有多温柔。

不理解孩子当时的情感诉求，孩子就不会敞开心扉。

而倾听既可以帮助孩子有效地摆脱负面情绪，恢复正常的思维能力；又可以在短时间内让孩子有足够的注意力，来理解和接受父母的正确意见和建议。

好妈妈会谈心，引导女儿说出心里话

很多妈妈都认为小女孩应该听妈妈的话，不要总是有那么多想法，这才是个"好孩子"。可是，如果父母总是剥夺孩子的说话权利，那么孩子不仅不能健康成长，反而会越来越"坏"，家里总是弥漫着战场的气息。

贾玲玲读初中了，最近一段时间，她跟妈妈闹得很僵。起因是贾玲玲以学习紧张为由，放弃了课余的小提琴学习。

妈妈很犹豫，贾玲玲的小提琴已经考到了6级，就这样放弃了未免太可惜，可是看到贾玲玲每天回到家就坐在书桌前忙碌，功课的确很紧张，妈妈也只好作罢。

有一天，妈妈帮贾玲玲收拾房间，无意中看到了几张贾玲玲画的画。这下子妈妈起了疑心，就在贾玲玲做功课的时候突击检查，果然发现贾玲玲的作业本下面藏着画纸。敢情女儿成天忙画画呢！妈妈生气了，她大发脾气，不顾贾玲玲的请求，把所有能找到的画都付之一炬，还"勒令"贾玲玲去上小提琴班。

在妈妈的"监视"下，贾玲玲又开始学小提琴了，妈妈以为这一次总算把女儿的问题解决了，没想到贾玲玲不但小提琴水平一直没有进步，反而经常做噩梦，梦到自己参加小提琴考级，考得一塌糊涂。

事实上，贾玲玲是一个很有绘画天赋的女孩，她虽未接受过正规的美术教育，可是画得比那些经过美术班培训的孩子都好。妈妈不是不知道贾玲玲喜欢画画，可她认为兴趣是可以培养的，女孩子就应该学音乐，既陶冶了情操，又平添了气质，以后说不定可以当音乐老师，这不是一举数得的事吗？贾玲玲好不容易考到了小提琴6级，怎么能说放弃就放弃呢？再说，现在她的学业那么紧张，哪里还有时间去画画呢？妈妈觉得女儿不理解她的苦心，不务正业，一定有问题，将来是要吃亏的，当前自己最大的任务就是把女儿的错误思想纠正过来。

显而易见，贾玲玲的问题其实不在贾玲玲身上，反而是贾玲玲妈妈的教育观念走入了误区。为什么孩子的兴趣要由父母说了算？当孩子的意愿跟父母的意愿发生冲突时，错误的一定是孩子吗？如果孩子是一棵苹果树，父母却认为当一棵梨树更有前途，孩子真的就可以改变自己的生长蓝图，变成一棵梨树吗？这并不可笑。事实上，很多父母都是如此，他们以为自己知道什么对孩子最好，这种自以为是使他们忽略了孩子的独特需要，而更多地考虑了自己的意志；使他们看不到孩子身上的闪光点，却把目光集中到孩子的"另类"之处，于是，家长们迫不及待地要"纠正"孩子，希望孩子沿着自己理想的方向走下去，到头来，孩子很痛苦，家长也疲惫不堪。

回到贾玲玲的例子中。贾玲玲明显具有绘画的天赋，妈妈却一定要让她学习不擅长的音乐，这会导致什么结果呢？

贾玲玲在音乐的世界里找不到自我，长此以往，贾玲玲很容易对自己失去信心，就算咬紧牙关加倍努力，将来也不过是走入平凡之途；反过来，如果贾玲玲获得了学习绘画的机会呢？可想而知，她至少可以做得比一般的孩子更出色！

每个孩子都有与众不同的地方，而这些"不同"往往就是孩子的天赋所在。孩子的天赋，需要家长来唤醒和培养，而不是忽略和扼杀。贾玲玲能够找到自己的天赋，这是多么值得欣喜的事，我们有什么理由剥夺她创造美好事物的心愿呢？我们有什么理由不让她成为最好的自己呢？

当女儿得到了妈妈的认同之后，她也会聆听自己内心的声音，并且尊重这种声音，这样的孩子，就算遭遇考验和磨难，也不会在现实世界里迷失；反之，如果父母什么都替孩子考虑到了，唯独不考虑孩子的真实想法，孩子就会放弃独立思考的机会，把父母当"拐棍"，可是父母怎么可能跟孩子一辈子呢？说到底，这还是一个"土壤"的问题。

婷婷从幼儿园回家了，看到妈妈正和邻居王阿姨聊天。她走了过去，听到妈妈她们正在说水费涨价的事情。于是，婷婷瓮声瓮气地说："妈妈，是不是水费涨价，游泳池的门票也要涨价了？"

妈妈说："你赶紧回家吧，小孩子怎么懂这些？"

婷婷说："可是我喜欢游泳啊！要是游泳池门票涨价了，爸爸不就不让我经常去了吗？我可不想让水费涨得那么高！"

"去去去，怎么这么烦。小孩子怎么那么多意见？"说着，妈妈就把她推回了家。婷婷有些失望，看着妈妈的背影，孤独地回到屋子里。

　　绝大多数的父母，都会与婷婷的爸爸妈妈一样，总要打击孩子说话的欲望。因为他们的心里，总认为孩子永远是孩子，说话怎么可能有分量？他们不明白，大人的世界和孩子的世界应该是平等的，孩子的想法和大人的想法也同等重要。

　　如果妈妈们都像婷婷的妈妈一样对待自己的女儿，那么她们就会感到自己没有受到尊重，而是永远低人一等。久而久之，她们与父母的矛盾也越来越深，最终发展到不愿与父母说话的地步。

　　当然，与大人相比，孩子的想法有时不免幼稚，但这正是他们成长的一个过程，他们正在努力着与大人接近。他们对大人世界的事情发表意见和想法，说明他们有了独立的思考意识，这是非常可贵的。如果孩子走不出这一步，那么，他们永远只能是个小婴儿，活在父母的精神世界里。

　　所以对于妈妈们来说，应该把自己的女儿当成一个有思想的独立个体，尊重她们说话的权利，鼓励她们表达出内心想法。教育学家认为，只有平等的、民主的家庭才能产生具有独立意识、乐观积极的孩子，而专制的家庭只能培养出唯唯诺诺的庸才。

　　所以，对于一个称职的父母，永远不会打压孩子的说话欲望，而是鼓励他说出自己的想法。只有这样，孩子的思维能力才能迅速提高，不至于畏首畏尾或随波逐流。同时，孩子也会尊重自己的父母，因为尊重是双向的。你尊重他，他自然也会尊重你，感到与父母在一起很亲密。想成为怎样的父母，想拥有一个怎样的家庭，相信你的心中已经有了答案。

──────── 教养的秘密 ────────

鼓励女儿说出自己的想法，关键一点就在于，妈妈要学会尊重女儿，把她当成一个独立的人，这时候你就会发现你们的关系拉近了许多。

好妈妈要经常和敏感细腻的女儿聊聊天、谈谈心，因为女孩子的心里总是藏着各式各样的小想法，这些小秘密有的好有的坏，妈妈经常和女儿交流就能及时得知女儿心中的小秘密，想办法让不那么好的小秘密随着敏锐聪慧的妈妈巧说一番，解决了。

先表示接纳，再调整女儿的情绪化

女性在社会生活中常被评论为"情绪化"，容易受感情的支配做事，缺乏理性的思考，这种现象，在小女孩身上表现得更为突出。一件在成人的眼里看来是芝麻绿豆大小的事，常常可以引发孩子十分强烈的情绪波动。这就需要女孩的家长，随时注意观察孩子的情绪变化，在她们自己能力达不到的时候，通过积极的诱导，帮助她们摆脱不良情绪的干扰。

许青青的爸爸是位小学老师，在儿童教育上很有他的独到之处。从女儿刚上幼儿园时，他就有意识地把她的思维方式向着"快乐""积极"的方向引导。

许青青很小的时候，每天从幼儿园回家，爸爸都会听她讲述这一天发生的一些趣事：这个小朋友送给了自己一块奶糖，或者是自己教会了哪个小朋友一个游戏，两个人一起玩，玩得很高兴，等等。孩子通过自己的讲述，在大脑中就强化了快乐的一面，从而忽略了不快乐的因素，这样久而久之，在许青青的心灵上，积极的东西越积累越多，她的乐观性格逐渐形成。

许青青上初中的时候，发生了一件"大事"：

在一次英语测验中，本是英语尖子的许青青的卷子，不知道为什么，混入了不及格的同学的卷子当中，老师要这些学生放学后留下来，课代表就按着试卷一一念起那些人的名字来。许青青的名字刚一出现，班上立刻骚动起来，同学们议论纷纷，有两个调皮的男生还直向许青青做鬼脸，起哄说："噢，英语尖子也不及格喽！"许青青想去追英语课代表问问是怎么回事，但是已经来不及了，她又羞又恼，伏在课桌上哭了起来。放学以后，老师到班上来给那些没有及格的学生补课，见许青青也在其中，一问，才知道是一场误会。其实，许青青得了 97 分的高分。

这本来没什么，但在曾经备受老师宠爱的女孩子心中，已经产生了深刻的影响，回到家里，她迫不及待地把这件事告诉了爸爸。

听女儿讲述完，爸爸沉思了片刻，问她："你说，这件事对你有什么好处呢？"

许青青吃惊地望着爸爸："好处？哪里还有什么好处！这回我可丢了人了。"

"我看不一定。这件事说明了什么？因为别人误解了你，你就伤心难过，首先说明你是一个有自尊心的人，是不是？"许青青点点头。

"其次，你虽然受了委屈，可你不会因此就对英语课代表产生怨恨，因为他是无意的，只是他有点儿粗心而已。所以，你又因此学会了宽容。"许青青又点点头。

"还有，通过这件事，你应该明白，被别人误会是经常发生的事，在以后的生活中，你还会遇到各种各样的误会，这件事能帮助你正确对待误解。虽然这次你哭了，但下一次就不会了，是不是？"许青青若有所思。

"下次再遇到这样的事你会怎么办呢？"爸爸问。

许青青想了想说："下次我要趁着课代表还没有走远，追上他问清楚到底是怎么一回事。""好，通过这件事你学会了应付紧急状态下的意外。你说这对你是不是一件好事？"女儿破涕为笑了。

女孩子的情绪是多变的，当她们深深地陷于自己的小世界里时，首先，家长要帮助她们使消极情绪平静下来。这就要让孩子通过语言把她们所有的感情表达出来，以求得心理上的平衡。

第二步，就是疏导，将孩子的消极情绪转移到其他方面，最好是积极的方面，用成人的眼光打量孩子的世界，本就没有什么大不了的刺激，所以，我们要把"坏事变成好事"，不是没有可能的。

比如：孩子打碎了父母喜欢的餐具，心里很难过，父母可以用开玩笑的口吻说："旧的不去，新的不来，这只杯子早就该换了！"这样一来，孩子的心理负担就会减轻许多。

需要注意的是，我们应该允许孩子适当宣泄。比如，因没有满足孩子的某些合理要求，孩子跺脚哭闹，是情理之中的事，如果非要让她把不满的情绪压抑在心里，反而有碍孩子的身心健康。

有些孩子会自觉地借助一些消极的心理防备机制去应付压力，往往会带来消极的结果。例如，一个受到家长严厉责骂的孩子，当着家长的面可能会"忍气吞声"，可是一离开家长，她就可能通过破坏玩具或欺负同伴等方式来宣泄自己的情绪。由于她"移植"的发泄对象不恰当，因此态度和行为不能被社会所接受，并且有可能使她陷入恶性循环之中。

因此，要十分注意孩子是如何应付各种心理压力，宣泄自己的消极情绪的，教导她以积极的方式去替代那些被动的、消极的方式。

教养的秘密

当女孩哭着对你说："我的芭比娃娃坏了……"

请不要说："一个玩具坏了，哭什么，大不了再买一个！"（否定）

请这样说："这个娃娃陪伴了你很久，妈妈（爸爸）也和你一样难过。"（接纳）

孩子内心痛苦的时候，她最需要的不是我们告诉她应该怎么想，而是我们能理解接纳她的感受。

如果你不太紧张，孩子压力就没那么大

成年人常常会抱怨生活节奏快，压力大，内心总处于紧张忧虑之中，却不知道在小女孩稚嫩的肩膀上，同样背负着沉重的压力。

现在的孩子们，物质条件无可挑剔，可也有他们的烦恼，学习要好，表现要好，吹拉弹唱也样样都要好，难得有轻松的时候。女孩子的心思又重，什么时候一掉队，总会有"父母不满意、老师不喜欢"的担忧。所以，每遇到她们认为是"重大考验"的事情时，心中总是忐忑不安。

这种情况，有些细心的家长也会看在眼里急在心里，怎奈何有时候给孩子减压的方式不对，反而更绷紧了孩子的心弦。

雷雨欣的女儿快要上初中了，小姑娘一天天忧心忡忡，唯恐自己考不上重点中学。

雷雨欣也很着急：女儿这种状态，考试时可别出什么岔子啊！她反复告诉孩子："不要紧张，千万不要紧张！"然后每天都叮嘱孩子"快去复习，别玩耍了。""注意身体，别感冒了！"在孩子复习的时候，她忙着帮助孩子查资料、找例题、检查练习。

妈妈越是放不开手，女儿心中越是着急，考试那天，孩子满脑子都是妈妈"别紧张，一紧张即使会的题目也要忘记了"

的叮嘱，精神很难集中起来，结果，本来擅长的语文科目，反而考砸了。

"紧张"这种情绪，你不能提，越提反而紧张得越厉害，就像一个小笑话说的那样："某人要在一次重大会议上发言，他反复告诫自己不要紧张。结果在大会上，冲口而出：'各位来宾，我叫不紧张'。"

有的父母对孩子过于苛求，只知望女成凤，而不考虑这些要求是否超过了孩子智力发育水平，孩子慑于父母的权威，整天处于紧张状态，心理上背着一个沉重的包袱，我们要化解孩子的紧张情绪，首先要从"病根"上下手，帮助她把包袱卸下来。

同样，张雯雯也要参加小学升初中的考试，她在餐桌上问爸爸："我要是考不上四中怎么办？"

爸爸喝了一口茶，轻松地说："考不上就上附近的普通中学，离得近，你10分钟就能走到，爸爸也不用开车接你了。"

看到女儿松了一口气，爸爸又说："考试就像平时做习题一个样，注意别马虎就行了。"过几天，在考场上，张雯雯发挥得很正常，达到了四中的分数线。

在妨碍人类潜能发挥的诸多因素中，紧张应该是比较突出的一个。人在放松的状态中，思维是开放而且活跃的，而在紧张的状态中是封闭而僵化的，就好比在台上演讲，放松让人侃侃而谈，而紧张则让人结结巴巴。

今天某些成年人的紧张，多是因为我们从很早就养成了紧张的习惯，当年紧张不安地面对老师，如今紧张不安地面对领导；当年紧张不安地走进考场，如今又紧张不安地走进面试场所。我们自己深受紧张之害，怎能不还给女儿一个轻松明朗的天空呢？

孩子和成年人一样，也常常会遇到紧张、冲突及困惑的情况，更为严重的是，她们往往无法顺利、正确地找到自行调节的方法，做父母的，除了要明智地卸掉她们心理上的包袱之外，还可以用一些辅助手段，让孩子轻松起来。

女孩一般都很容易接受心理暗示，当她们面临重大考试、比赛，或者要登台表演的时候，你可以告诉她一个调整心理的秘诀：尽力地吸气，然后再呼出去，如此反复三次，紧张的情绪立即可以消除，然后，你就会发挥得很好了。

且不管这个小技巧有没有足够的理论支持，如果父母严肃地对女孩强调，女孩就会相信，紧张本来就是一种"心病"，用"心药"治最好。

──── 教养的秘密 ────

孩子对什么东西太紧张，多是由于父母太把那种东西当回事儿了，以至于孩子背上了沉重的心理包袱。

所以，请给孩子一定的自由空间，不要过多在意她的表现，虽然我们不可能不在意，但不要把这种情绪流露出来。我们应该像朋友那样与孩子谈心，让孩子把压力缓解下来。

化解忧郁，最好的办法是用情感回应她

跟男孩子不一样，小女孩总有些小忧郁。有时候是内向、孤僻，有时候是爱哭爱闹。这时，父母就要学会体察细微，认真地帮助女儿走出忧郁的困境。

晶晶今年四岁半，在家里很活泼，总是追着妈妈问这问那的，还总喜欢和妈妈聊动画片里的故事。

可是晶晶在外面的表现却让爸爸妈妈有些摸不着头脑，在超市门口坐那个摇摇马，有小朋友在坐的话，她就肯定不要坐，玩那个游乐设施也一样，一定要等别的小孩走了才去玩。

刚上幼儿园的第三天，晶晶就吵着不要去了。爸爸妈妈以为她在幼儿园受了欺负，就向老师问了问晶晶在幼儿园的情况，老师说晶晶在幼儿园的时候从来不喜欢和其他小朋友玩，老师组织小朋友们唱歌跳舞，她总借故不去，等小朋友们都回来了，她又一个人跑到教室外面又蹦又跳的。

除了内向，女孩子还会出现心理压抑的现象，缺乏自信、情绪不稳定，如果孩子总是表现出这些特点，那么她就极有可能出现不合群的心理现象。

另外，有的小女孩还依恋成人。现在有的父母由于经济条件较好，所以就选择把孩子抚养和寄养在私人家里。因为孩子从小没离开过成人的怀抱，所以适应环境的能力比较差，从而

导致不合群。比如，进入幼儿园以后爱哭闹，有的甚至出现神经紊乱现象：哭叫着要小便，却硬是不肯尿在便盆里，刚拿掉便盆就尿裤子。平时不和孩子们玩耍，情愿一个人，适应幼儿园的生活比较困难，这就是不合群心理比较严重的症状。

苏苏家只有她一个孩子，但是爸爸长期在外地工作，很少回家，妈妈每天都在上班，也没时间照顾她，为此父母请了一个小保姆来照看苏苏。刚刚几岁的苏苏本应是在父母怀里撒娇的幸福时期，但是她每天只能孤独地和玩具做伴，在幼儿园也不愿意和小朋友多说话，看到别的小朋友的爸爸妈妈来接他们，她更加感到孤独了。

这样的日子，苏苏一个人过了整整两年，苏苏该上小学了。在上学的第一天，当苏苏看到那么多陌生的面孔时，却吓得直往妈妈怀里钻，还一直喊着："妈妈，我不上学，我要回家。"在上学的日子里，苏苏也从不与同伴一起玩，上课时从不敢举手发言，老师提问时，她嗫嗫嚅嚅，同伴在一起开心地玩时，她总缩在旁边不出声，郁郁寡欢……

具有孤僻心理的孩子最缺少的是朋友，父母更应该倾注爱心，努力帮助孩子消除孤独感，陪孩子一起走出心理孤独。在平时的时间里，父母不妨和女儿一起做做游戏，或是主动与她们交谈，耐心倾听她们的诉说，力求成为孩子眼中充满孩子气的、能善解人意的长辈或大朋友。

另外，有孤僻性情的女孩，通常言语及认识方面表现得会有些异常，不爱与其他人接近、交往，对别人的呼喊没有反应，也不跟人打招呼。他们的社会交往能力和行为异常，对亲友无亲近感，缺乏社会交往方面的兴趣和反应，不爱与伙伴一起玩耍。而且这样的孩子不会关心别人。所以父母要针对孩子不同的情况，相应地采取不同的措施。

假如说你的女儿是由于能力、智力或身体素质不如同龄人，遭排斥或讽刺后形成孤独，父母则需要帮助她们重新树立自信，鼓励她们多和同伴接触，并积极参与同伴的游戏活动，消除她们的自卑感。这样才能重新激发孩子的主动性，使孩子从闭锁的孤独心境中走出来。

无论是怎样的一种情况，家长首先都必须要懂得孩子的心理，在孩子最需要关怀、照顾的时刻，千万不要忽视孩子的反应，对孩子施与更多的关爱与关心，满足孩子感情和心理上的饥渴，尽量能做到与孩子心心相通。只有适时地搭建起心灵相通的桥梁，孩子才能够健康、快乐、幸福地成长。

教养的秘密

很多家长在育儿时，往往"走脑不走心"。当孩子出现问题时，他们的第一反应不是去感受孩子的内心，而是设法直接搞定她。

其实我们的孩子一直在向我们求助，可我们一直在试图利用理论方法对待她，而忘了真正用心体察孩子的内心发生了什么。

其实，化解孩子的忧郁，最好的办法是真正地用情感去回应她。

你给的微笑，就是对女孩最好的鼓励

我们往往认为女孩子就应该含蓄一些，温柔一点，这样才像个淑女，所以我们就会不由自主地给自己的女儿设下重重限制，你有没有说过"小女孩就应该干净一点，不要把裤子弄脏了！"或者"爬格子不是女孩子做的，不要去了"之类的话？

家长们需要记住，我们要积极地鼓励她们去做自己想做的任何事情。想要打扮成牛仔？可以！我们都知道父母对孩子有多大的影响，所以如果你总是不断地告诫她，这个不能做，那个不能做，那么等她长大了，肯定是个胆小鬼，不敢去尝试任何事情。

男孩子的世界充满动作，喜欢探索新奇，女孩子与其不同的是，她们关注更多的是人，因此相比较来说，女孩子的心思更为细腻。她会很重视父母的看法，同时很容易产生自卑心理，因此要在这方面对她进行鼓励与保护。

女孩子同样需要健康的身体，看似适合男孩玩的那些粗鲁、大强度的游戏对于女孩子来说，也是一个强健体魄的好方法，所以父母不妨多带着女儿进行一些户外活动。攀爬、跑跳都是提高协调能力的好方法。当然，游戏中安全还是第一位的，如果女飞人想从五层台阶"飞"下去，不要告诉她"不行"，可以对她说："看起来有点高啊，我们先从两个台阶开始，你是最棒的，一定能行！"让她感觉到你对她的能力是有信心的！

有一些家长在思维中认为：必须对孩子保持严肃。的确，严肃能够树立威严，但是，女儿却感受不到来自父母的关心和鼓励。所以，父母应在威严之余，多关心女儿，并用微笑来鼓励孩子。这样，即使一个小小的微笑，也能消除彼此间的争执、冲突、愤怒等不良的情绪。

这天中午，5 岁的小雪正在家里准备吃午饭。这时，妈妈端着一盘炒好的鸡蛋走了过来，把炒鸡蛋小心翼翼地放在了餐桌中央。接着，妈妈说道："小宝贝，开饭啦！"

听完妈妈的"发号施令"，小雪顿时感觉自己的口水都要掉下来了，因为她最喜欢吃炒鸡蛋！于是，她拿起筷子，用征询的眼光望着桌旁的爸爸。

看着孩子那种可爱的眼神，爸爸微笑着点了点头。于是，小雪高兴地夹起一块鸡蛋，津津有味地吃了起来。一边吃，她还一边笑，甚至对爸爸做起了鬼脸，而爸爸自然也是笑容满面，温和地摸了摸她的头。

一顿饭吃完了，小雪很高兴，总是缠着爸爸，和爸爸撒娇。因为她觉得：爸爸真好，那个笑容真漂亮！

用微笑来鼓励孩子的行为，爸爸最终赢得了小雪的爱与尊敬。由此可见，适时的关心，以及微笑的力量还是很强大的！

其实，很多家长可能也明白这个道理，知道微笑会给孩子带来积极的影响。可是，他们却很难做到这一点，总是摆出一副严肃的面孔。这些父母总是觉得："自己总对孩子微笑，会不会让女儿得寸进尺，以为自己真的成小公主了？"于是，为了避免想象中的"灾难"出现，父母强迫自己收起笑容，总是像上级对下级那样，从不给女儿一点好脸色。

结果，女儿不仅没有认同父母的权威，还产生了反感。她们觉得："爸爸（妈妈）是不是传说中的夜叉呀？要不然他（她）为什么总是绷着脸，这可真可怕！"

正是因为女儿有了这种心理，家长们会发现，孩子与自己的距离越来越远了。她们喜欢和其他小朋友在一起，甚至喜欢与叔叔阿姨在一起，却总对自己保持距离！这样的结局，就是由于父母不懂得微笑造成的。

相反，那些喜欢微笑的家长，却能够和自己的女儿保持着良好的沟通关系。为什么会如此，这是因为，孩子从父母的笑容中读出了欣赏，读出了鼓励。很多家长都会有这样的体会，孩子给你的一句赞赏常常令你十分感动。成人尚且如此，更何况是需要得到家长赞赏和承认的孩子。

可以设想一下，如果你所做的事情没有做好，或者做得不理想，这时候，别人不是训斥、埋怨、数落，而是安慰你，给你宽心，同时还夸奖你的长处，鼓励你的信心，相信你慢慢会做好，用微笑待你，你感觉如何？你一定会感到一种暖意在血液中流淌，从而激发起信心，将让办砸的事情起死回生。

与大人相比，小女孩会更加敏感，更能从父母的一个小举动中，感受到截然不同的心理状态。所以，家长不要总是摆着架子，不要总为孩子发愁，更不要一脸严肃地面对孩子。成功的家长，一定会采用微笑的方式与女儿沟通，改进自己教育女儿的方法，找到那种把教育看作游戏的快乐感觉。而女儿在这个过程中，自然也会感到来自父母的鼓励，从而与父母的距离越来越近!

女孩小时候最大的幸福,不是你送她芭比娃娃,而是她有一对喜欢对她微笑的爸妈。

每个女孩都喜欢父母给她微笑:

在她遇到困难时对她笑一笑,就是对她最大的支持和鼓励!在她成功时对她笑一笑,就是对她最好的赞美和奖赏!哪怕是在她做错事时,对她笑一笑,也是对她睿智的批评和无限的期望!

让女孩知道,世界并不像童话里那么美丽

每个小女孩,都是父母心中的天使,望着她们稚嫩的面孔,我们愿意用全部的心思来爱她们,为她们遮挡世间的一切风雨。于是,凡是社会上那些肮脏的、丑恶的、痛苦的东西,我们都不希望孩子见到,总怕污染了她们那纯洁无瑕的心灵。

然而,这种讳疾忌医的做法,究竟可以维持多久呢?一个一向把世界当成一个五彩缤纷的大花园的女孩,一旦遭遇到困苦,对她的打击岂不是更深?

作为孩子的父母师长,作为她们成长的引路人,我们有必要向孩子展示一个真实的、立体的社会。德国柏林,一所普通

的小学正在对孩子们进行社会教育。

讲台前，殡仪馆的叔叔阿姨们正在讲述人死时会发生的事情。讲完后，孩子们轮流扮演角色，模拟诸如父母因车祸身亡时该如何应对。学校的目的，是通过这样的课程让孩子们体验突然成为孤儿的感觉，这有助于他们体验遭遇不幸时的复杂心情，以及怎样控制自己的情绪。

同一时间，德国汉堡青少年法庭现场，法官正在审讯一名持刀杀人的少年犯。听众席上鸦雀无声，来自汉堡亨利希中学初二8班的20多名学生正在专注地聆听着……

20世纪90年代以后，德国推出了"基础教育课程改革纲要"，使教材内容适应社会的发展。他们的教育专家认为：以前的教育内容属于阳光式教育，而现在的教育结合社会现实，如阴暗面教育，是一种面向社会的开放型教育。否则，如果为了保持学生心灵的"纯洁"，总是回避甚至不让学生了解社会的丑恶现象，这样，学生长期与社会隔离，对社会缺乏全面深入的了解，一旦接触社会，看到某些阴暗面后，就会感到茫然若失，无所适从。

为了配合教材，学生们还要参与社会实践，了解社会，以此为参照来调整、充实自己。比如以"专题研究课"形式了解社会。学生们自愿组成几个小组，讨论出研究主题，然后到社会上去调查，最后写出研究报告。例行的"周三社会日"，学校老师会组织学生参观监狱、禁毒展览、反艾滋病展览等。让学生把从社会实践、社会调查中发现的社会热点、疑点等现实问题带回课堂上，通过演讲、辩论、扮演反面人物等，解开学生心中的疑惑，进行"免疫"教育。

"我们无法永远保护孩子，但是我们可以教给他们怎样认识生活和社会、保护自己。"一位德国的中学校长如此说道。有些家长担心孩子了解了社会的某些"灰暗"以后，会对他们的思想形成负面影响，增加其心理负担。其实孩子们的承受力，并不像我们想象得那么脆弱，他们看问题的角度，也不完全和我们一样。

陈海飞的爸爸发现，女儿越来越娇气了，一块橡皮找不到了，也要流眼泪。于是，在一次带女儿去公园游玩的时候，他有意识地给了女儿一元钱，让她去送给一个沿街乞讨的人。那是一个将近 70 岁的老人，穿得破破烂烂，胳膊上的伤口还往外渗着血水。往常，陈海飞见了这些人，都是躲得远远的，今天首次近距离接触，给她带来很深的震撼。

回到家里，爸爸告诉她，在这个世界上，还有很多人没有饭吃、没有房子住，他们只能以乞讨为生，四处流浪，即使有了伤病，也要那么忍下去。陈海飞听了，当时没有作声。第二天，她对爸爸说："爸爸，那些乞讨的人好可怜呀，我觉得自己好幸福。"

通过爸爸有意识地进行培养，陈海飞的性格不再那么敏感，不再深陷于自己的小世界里了，变得比以前懂事多了。

我们不必担心社会上的"阴暗面"会使孩子的心情灰暗，我们要实事求是地告诉他们，这个世界上，好人和幸福的人占绝大多数，可是也有坏人和不幸的人。然后，再让他们自己去分辨，去体会。

社会上光明的一面和阴暗的一面，孩子迟早都要亲身体验，让他们早些了解一下社会的一些"灰色面"，可以起到免疫的作用。家长可以多与孩子讨论电视报刊上的热点新闻，告诉孩子一个真实的社会，无论是正面或者是负面的社会新闻，都可以让孩子知道，并教育孩子要区别对待，这样，孩子进入青春期出现的失落和反叛就不会那么大。孩子最终要接触社会，我们都希望孩子将来的路越走越宽，顺利融入社会的孩子，将来一定会变得更坚强，有更好的适应能力。

教养的秘密

我们都想让孩子一直生活在阳光里，但我们却无法阻止阴影的到来。

我们没有必要对孩子完全隐瞒生活中不好的一面，而应根据她的年龄和成熟程度，慢慢地向她解释。无论事情如何严重，我们都应该主动将真相告诉孩子。否则，如果孩子通过同学或朋友得到某些信息，而道听途说的东西往往不是那么真实可信，她会感到迷惘和恐惧。